源头活水
——高中化学教学与教研探究

Chemistry

申水源 ◎著

吉林大学出版社

·长 春·

图书在版编目（CIP）数据

源头活水：高中化学教学与教研探究 / 申水源著. —
长春：吉林大学出版社，2020.8
ISBN 978-7-5692-6943-7

Ⅰ.①源… Ⅱ.①申… Ⅲ.①中学化学课—教学研究
—高中 Ⅳ.①G633.82

中国版本图书馆CIP数据核字（2020）第162029号

书　　名　源头活水——高中化学教学与教研探究
　　　　　YUANTOU-HUOSHUI——GAOZHONG HUAXUE JIAOXUE YU JIAOYAN TANJIU

作　　者　申水源 著
策划编辑　刘子贵
责任编辑　刘子贵
责任校对　刘守秀
装帧设计　北京言之凿文化
出版发行　吉林大学出版社
社　　址　长春市人民大街4059号
邮政编码　130021
发行电话　0431-89580028/29/21
网　　址　http://www.jlup.com.cn
电子邮箱　jdcbs@jlu.edu.cn
印　　刷　北京政采印刷服务有限公司
开　　本　787mm×1092mm　1/16
印　　张　11.25
字　　数　240千字
版　　次　2022年6月　第1版
印　　次　2022年6月　第1次
书　　号　ISBN 978-7-5692-6943-7
定　　价　45.00元

　　鲁迅先生说过"无论什么事，如果不断收集材料，积之十年，总可成一学者"。的确，做学问就是知识与经验不断积累的过程。我从1997年开始从事高中化学教学工作，从教23年来，一边工作学习，一边总结积累，一边改进提高，形成了自己独特的教学方法——"1+3"学习模式，期冀借此与读者分享本人在教学教研方面的拙见与探究。

　　教育部在《基础教育课程改革纲要（试行）》中指出，当前，我国基础教育总体水平还不高，原有的基础教育课程已不能完全适应时代发展的需要。要改变课程过于注重知识传授的倾向，强调积极主动的学习态度的养成，使获得基础知识与基本技能的过程同时成为学会学习和形成正确价值观的过程。然而，当前国内的很多地区、很多学校奉行的还是传统的灌输式教育模式：先将规律或经验告知学生，让学生按部就班地在教师的一步步指导下学习实践。这种学习模式会使学生的创新思维在无形之中被削弱、被禁锢。西方教育更加重视培养学生的实践和分析能力，先让学生尝试体验，在体验中发现难点，引导学生质疑、调查、探究，最终在实践中完成学习。

　　作为一名教育工作者，如何处理好传授知识与培养能力的关系、如何培养学生学习的独立性和自主性、如何促进学生在教师的指导下富有个性地学习，是一直萦绕在我心头却百思不得其解的困惑，也是一直激励我不断改进教学方法的动力。在2010年广东省骨干教师培训班学习的时候，我同范宜潜导师交流过这个问题，他非常欣赏我的教学理念和方法，鼓励我总结提炼一套属于自己的教学经验，以飨他人，但后来因琐事缠身便搁置了。时至2014年12月，我申报了广东省教育厅科研处"十二五"规划课题"开发学生潜能，构建高效化学课堂模式"（课题批准号：2013YQJK234）。借此契机，经过自己2年多时间的思考总结，最终提炼形成了"1+3"学习模式的教学方法，并编纂成书——《源头活水——高中化学教学与教研探究》。"1+3"学习模式首先在我校化学科组进行了尝试，实践效果较好；之后，于2017年在我校高一年级所有学科进行推广试行，师生对教学效果反馈都比较好。此后，有幸的是，在华南师范大学钱扬义教授和北京师范大学部分学者的指导下，"1+3"学习模式的教学方法得到进一步完善，现已在我校所有年级、所有学科全面推行，并取得了良好的实效。"一花独放不是春，百花齐放春满园"，这一学习模式，此后还在顺德区外的佛山、肇庆、江门、汕尾等地推广试行。

《源头活水——高中化学教学与教研探究》一书共分三个部分，理论研究篇、教学实践篇和总结反思篇。其中，核心是"1+3"学习模式——"1"指深度学习，"3"指三助式学习，包括"师助、互助、自助"三种途径。"1+3"学习模式，可以帮助教师改变以往"满堂灌"的教学模式，让教师更大程度上成为教育教学的研究者，学生学习的合作者、引导者与促进者；"1+3"学习模式，可以唤起学生的求知欲，激发学生的内在学习动力，提高学生的学习热情，让他们兴趣盎然地参与到教学过程中来，真正在学习中感受快乐；"1+3"学习模式，可以更好地促进师生和谐，真正将教学中的陈述性知识转变为程序性知识，并最终形成学生的某种能力。此外，"1+3"学习模式更为深远的意义在于培养学生的终身学习兴趣和自主学习能力，对未来的工作、生活产生深远影响，让学生受益终身。

对于一名教育工作者来说，比教学本身更重要的是理念和情怀。从教23年以来，我一直对教育工作抱有浓厚深沉的热爱、初心不改的坚守和孜孜不倦的追求，始终践行"教而不研则浅，研而不教则空"的教学理念；始终坚守"功成不必在我，而功力必不唐捐"的育人情怀；始终坚持"十年树木，百年树人"的成才耐心；始终坚信"没有最好，只有更好"的教学实践方法……《源头活水——高中化学教学与教研探究》这本书是我酝酿23年的辛劳成果，也是从教以来所有经验的积累和沉淀。"源头活水"，寓意只有思想永葆活跃，胸襟永葆开阔，并不断接受先进的理念、鲜活的知识，广泛包容，方能才思不断，瀚水长流。

最后，请允许我借用冰心先生的一句话与大家共勉：修行教学之路，爱在左，创新在右，一路繁花相送，随时撒种，随时开花，将这一路长途，点缀得花香弥漫。

申水源

2020年7月13日

理论研究篇

"开发学生潜能，构建高效化学课堂模式"课题研究 …………………………… 2

在课堂教学中如何提问互动……………………………………………………… 42

基于"1+3"学习模式高三化学实验复习的教学 ………………………………… 48

基于自主学习谈等效平衡规律课的教学………………………………………… 56

在课堂教学中如何将陈述性知识转变为程序性知识…………………………… 70

控制变量法在化学探究实验中的应用研究……………………………………… 72

浅谈班级管理工作中的几个做法………………………………………………… 84

谈班干部培养四部曲……………………………………………………………… 87

谈"六步教学法"与新课改思想………………………………………………… 91

谈在高中化学教学中如何用好实验……………………………………………… 95

在高三化学备考中怎样培养学生主观题的审题能力…………………………… 98

在高三化学复习中怎样对待学生的"错误"答题……………………………… 101

一名"退学"学生的行为的纠正………………………………………………… 107

有效辅导临界生，谋求高考新突破……………………………………………… 115

教学实践篇

《烷烃与烯烃》教学设计………………………………………………………… 120

《羧酸酯（第一课时）》教学设计……………………………………………… 130

《盐类的水解（第一课时）》教学设计 ……………………………… 136

《基本营养物质（第一课时）》教学设计 …………………………… 141

《苯》解课案例 ………………………………………………………… 150

《乙烯》解课案例 ……………………………………………………… 155

《氮的氧化物》解课案例 ……………………………………………… 160

《硫的氧化物》解课案例 ……………………………………………… 166

《氨、硝酸、硫酸（第一课时）》解课案例 ………………………… 172

《氨、硝酸、硫酸（第二课时）》解课案例 ………………………… 178

《氨、硝酸、硫酸（第三课时）》解课案例 ………………………… 183

总结反思篇

申水源个人总结报告 ………………………………………………… 192

广东省中小学骨干教师省级培训总结 ……………………………… 196

广东省骨干教师培训跟岗学习总结 ………………………………… 199

他山之石，可以攻玉 ………………………………………………… 202

在培训班结业典礼上的讲话 ………………………………………… 205

广东省骨干教师培养对象自评报告 ………………………………… 208

教学反思 ……………………………………………………………… 212

不做漂流的"鲁滨逊" ……………………………………………… 215

愿你成为太阳，无须借助他人的光亮 ……………………………… 219

爱满心田，花香弥漫 ………………………………………………… 222

春风化雨润心田　因材施教促成长 ………………………………… 224

量身定制式辅导 ……………………………………………………… 226

给学生足够的时间和空间 …………………………………………… 228

不忘初心，方得始终 ………………………………………………… 230

教育改革，与时偕行 ………………………………………………… 234

理论研究

篇

"开发学生潜能，构建高效化学课堂模式"课题研究

广东省教育科学研究项目开题报告

一、研究意义

1. 研究背景

从2004年广东省实施新课改以来，许多学校都在探索课堂教学改革模式，教学改革成果有如雨后春笋，但是不管怎么改，课堂还是改革中的重中之重，到底如何构建适合中学生潜能充分发展的教学实践模式一直是顺德华侨中学正在探索的问题。这几年，各种不同的教学模式一直在我校的实践教学中得到应用，同时在实践中得到升华、总结、提升。为了实现教育的公平性，所有中学都面临着如何在同一课堂里对不同类型和层次的学生进行教育教学的问题，通过什么策略让优秀生"吃得饱"、中等生"吃得好"、后进生"吃得到"，使不同类型学生的能力都得到发展，是所有学校和老师面临的共同问题。我校虽是一所区属高中学校，但由于学校搬迁，复校时间仅十来年，受历史形成的高中招生格局的影响，加之近年高中扩招，生源质量相对偏低，学生的参差不齐现象更为突出。大部分学生来自一些家庭经济条件不错、教育管理跟不上的家庭，相对优越的经济条件，使得他们的学习目标不明确、学习习惯懒散，缺乏拼搏精神，但大部分学生思维敏捷、接受能力好，可发展潜力大。当前教育教学的"抓住中间促两头"是我校也是绝大部分学校的做法，但这样做往往优秀生得不到良好发展，后进生的

学习积极性、学习能力、学习习惯越来越差，反过来又影响整体的发展。根据学校实际，我们开始探索小组合作学习模式，并进行学案导学的实践探索。

2. 学术和应用价值

教的最高境界是为了不教，如何充分调动学生的积极性与自主性、挖掘学生的自学能力、发展学生自我纠错能力、培养学生的团结协作能力、促进集体主义观念的形成，都是我校面临的实际问题，这些问题的解决对我校的发展具有极为重要的意义，对顺德区、佛山市，乃至全省的推广、借鉴都有积极意义。项目"开发学生潜能，构建高效化学课堂模式"的研究，就是通过小组合作学习，学案导学的试验与优化，探求科学高效的课堂教学模式；探求适合不同成绩基础、不同兴趣爱好的学生分组模式；探求不同课型不同内容的、规范有效的学生分组模式。做到模式多样化、操作方便化、实战效果化，以满足不同潜质学生的发展需要，让不同层次的学生都得到较好的发展，帮助每一个学生获得成功。这样就能提高学生学习自主性和学习的兴趣。本项目的研究目的旨在促进教师观念的转变，要求教师在教学实践中边教边研，努力实现教学方式和学生学习方式有较大的转变，提高教学研究能力，从而创造一个充满生机、活力有序的新型课堂。

二、本项目的总体框架和基本内容、拟达到的目标

1. 本项目的总体框架和基本内容

根据研究目的，研究内容初步确定为以下几个方面，在实践过程中若有必要再适当调整：

（1）教育对象（学生）。准确了解学生特点，是开展教育教学活动的基本前提。我校面向全区招生，学生的多样性更为突出。

（2）教育环境。影响学生发展的因素是多种多样的，学校、家庭、社会都从不同角度、不同渠道对学生起着积极或消极的作用。

（3）教育者（教师）。教师的观念、行为、方法对学生的发展有着极其深远的影响，如何提升教师的育人理念、规范教育行为、改进教育方法，值得深入探讨。

（4）教育活动。课堂是育人的主阵地，怎样组织教育教学活动、采取科学

的方法与策略、提高育人效果，是本研究课题最关注的主题之一。

（5）小组合作学习、学案导学的教学模式的探究。这是研究和突破的重点内容，通过对该种教育方法策略加以研究、比较，逐渐形成完善的教学模式。

（6）教育效果。教育效果是我们研究的目的也是我们调控教研的一把尺子，先对阶段性教育效果进行量化分析，然后对研究做出相应调整，这样使整个研究更科学、更合理。

2. 拟达到的目标

（1）通过本项目研究，开发学生学习化学的潜能，激发他们学习化学的兴趣，引导学生自主学习，学会学习，在学习中学会发现问题、提出问题、分析问题、解决问题。

（2）本项目研究对青年教师的快速发展具有积极的指导作用，对经验丰富的教师的研究能力提高、教育教学经验升华有较大的促进作用，从而提高教师教学业务水平，促进自己的专业发展。

（3）争取将本项目研究所取得的成果在顺德区，乃至省市的兄弟学校内进行推广。

三、拟突破的重点、拟解决的关键问题

教的最高境界是为了不教，本项目拟突破的重点、拟解决的关键问题如下：

1. 教师理念的转变

如何让教师从传统教学模式走向新的教学模式？如何让教师从过去的单打独斗到现在的合作教学？

2. 学生潜能的开发

如何充分调动学生的积极性与自主性？如何挖掘学生的自学能力？如何发展学生自我纠错能力？如何培养学生的团结协作能力？

3. 高效化学课堂模式的构建

探求怎样的课堂教学模式是科学高效的？如何构建适合不同成绩基础、不同兴趣爱好的学生分组模式？如构构建不同课型不同内容的、规范有效的学生分组模式？怎么样做到模式多样化、操作方便化、实战效果化？

4. 学生学习小组的组建

学习小组如何组建？如何开发小组的学习潜能？如何将学习小组建成一个共同进步的团队？

5. 导学案的编写与使用

导学案有什么功能？导学案中的问题怎样呈现？怎样的导学案才算有效的导学案？教师集体备课备什么？怎样落实？

6. 教学评价

如何评价学生的学习过程？如何评价教师教的行为？如何评价一份导学案、一份教学设计？如何评价一节课？可以肯定的是，没有学生参与的、没有提出和解决问题的教学方式肯定不是有效的课堂教学方式。

四、本项目的研究方法和研究手段、研究计划

1. 研究方法和研究手段

结合广东省教育厅科研处"十二五"规划课题和我校的实际情况，我们秉承"因材施教，具体问题具体分析"的教育教学观，遵循教育规律，通过对学生的学情（成绩、心理、习惯等）量化分析，综合借鉴教师成功经验的同时，逐步将小组合作学习、学案导学付诸实践，在研究过程中发展、完善具体的做法，并根据研究需要再适时补充研究内容，形成系统的策略并加以运用推广，从而达到发展学生能力的目的。我们采用学习、交流和反思、专家引领、同伴互助、文献分析、教育实践等方式开展研究，主要采用以下方法和手段进行研究：

（1）调查法。通过问卷、访谈、测量、研究等科学方式，有目的、有计划、系统地收集有关问题或现状资料，从而获得关于课题研究的相关事实，并形成关于课题研究的科学认识。

（2）行动研究法。行动研究是指在自然、真实的教育环境中，教育实际工作者按照一定的操作程序，综合运用多种研究方法与技术，以解决教育实际问题为首要目标的一种研究模式。

（3）经验总结法。及时组织课题组教师进行经验总结、交流和研讨。

（4）文献研究法。通过查阅、收集、分析、综合有关科研文献材料，获取课题所需利用的信息，提升教师的理论水平。

（5）实验研究法。通过实验，探讨实验班学生在潜能发展和教育策略研究干预下学习成绩的变化。

2. 研究计划

第一阶段（启动）：2014年11月—2015年3月。完成课题组组建、课题组成员理论学习、确定实验教师和班级等前期准备工作，课题组设想尝试并提出初步课堂教学模式，讨论新阶段活动计划，形成研究的开题报告。

第二阶段（调整）：2015年4月—2015年11月。课题组根据计划展开实践活动，积累活动经验，分析活动效果，提出合理建议，讨论研究结果，调整研究进程及方向，讨论新阶段活动计划，形成研究的中期报告。

第三阶段（发展与完善）：2015年12月—2016年7月。结合第二阶段的研究经验，进一步开展课题研究活动，将构建的高效化学课堂模式系统化，积累课题研究的资料，预期下一阶段在校内推广取得的成果和扩大实验范围，形成研究的阶段报告。

第四阶段（提升与结题）：2016年8月—2016年11月，继续深入研究构建高效化学课堂模式，把经验上升到理论，形成系统的方法与策略，筹备结题工作，完成结题报告。

五、研究阶段安排和预期研究成果

研究阶段安排与研究成果如表1所示。预期研究成果如表2所示。

表1 研究阶段安排与研究成果概述

	序号	研究阶段（起止时间）	阶段性成果名称	成果形式
主要阶段性成果	1	2014年11月—2015年11月	普通高中化学课堂教学微课和开发学生潜能，构建高效化学课堂模式初探	微课课件、研究报告
	2	2015年12月—2016年7月	学生学习潜能开发及小组建设研究	论文集
	3	2016年8月—2016年11月	普通高中化学课堂教学导学案	导学案集

表2　预期研究成果

	预计完成时间	最终成果名称	成果形式	预计字数
最终成果	2015年1月	普通高中化学课堂教学微课、导学案研究	导学案集、微课课件	100000
	2015年9月	开发学生潜能，构建高效化学课堂模式初探	论文集	30000
	2016年11月	开发学生潜能，构建高效化学课堂模式实效性研究	研究报告	20000

六、经费预算

本项目经费预算共计6万元，其中2015年度预算3万元，2016年度预算3万元。经费预算明细如表3所示。

表3　经费预算明细表

序号	经费开支科目	金额／元	序号	经费开支科目	金额／元
1	设备、资料费	4000	5	交通费	5000
2	学习差旅费	25000	6	劳务费	10000
3	小型会议费	2000	7	其他	6000
4	专家费	8000			

广东省教育科学研究项目中期检查报告书

一、研究工作进展情况

（一）课题方案的介绍

1. 研究背景

自从广东省实施新课改以来，许多学校都在探索教学改革，一时间各种教学模式如雨后春笋般涌现，在这其中，课堂是教学改革的重中之重。为了实现教育的公平性，所有中学都面临着如何在同一课堂里对不同类型和层次的学生进行教育教学的挑战。

我校虽是一所区属高中学校，但受学校历史形成的高中招生格局和近年来其他高中扩招的影响，生源质量相对偏低，学生的参差不齐现象更为突出。部分学生的学习目标不明确、学习习惯懒散，缺乏拼搏精神，但大部分学生思维敏捷、接受能力好，可发展潜力大。传统教育教学的"抓中间促两头"是绝大部分学校的做法，但这样做往往使优秀生得不到良好发展，后进生的学习积极性、学习能力、学习习惯越来越差，反过来又影响整体的发展。因此，我校致力于探索并构建使不同层次的中学生潜能充分发展的教学实践模式。根据学校实际，结合化学学科特色，我们开始进行小组合作学习、学案导学以及"1+3"学习模式的实践探索。

2. 研究内容

（1）教育因素——学生、教师、环境。准确了解学生特点，是开展教育教学活动的基本前提。我校面向全区招生，学生的多样性更为突出；教师的观念、行为、方法对学生的发展有着极其深远的影响，如何提升教师的育人理念、规范教育行为、改进教育方法，值得深入探讨；影响学生发展的因素是多种多样的，学校、家庭、社会都从不同角度、不同渠道对学生起着积极或消极的作用。

（2）教学模式——小组合作、学案导学以及"1+3"学习模式的探究。课堂是育人的主阵地，怎样组织教育教学活动、采取科学的方法与策略、提高育人效果是研究和突破的重点内容，通过对这三种教育方法策略加以研究、比较，逐渐形成完善的教学模式。

（3）教育效果——评价与反馈。学生的学习反馈与课堂评价是我们调控教研的一把尺子，先对阶段性教育效果进行量化分析，然后对研究做出相应调整，使研究更科学、更合理。

3. 研究目标

（1）开发学生学习化学的潜能，激发他们学习化学的兴趣，引导学生自主学习，学会学习，在学习中学会发现问题、提出问题、分析问题、解决问题。

（2）探求科学高效的课堂教学模式；探求适合不同成绩基础、不同兴趣爱好的学生分组模式；探求不同课型不同内容的、规范有效的学生分组模式。做到模式多样化、操作方便化、实战效果化，以满足不同潜质学生的发展需要，让不同层次的学生都得到较好的发展，帮助每一个学生获得成功。

（3）本课题的研究对青年教师的快速发展具有积极的指导作用，对经验丰富的教师的研究能力提高、教育教学经验升华有较大的促进作用，从而提高教师教学业务水平，促进自己的专业发展。

（4）争取将本项目研究所取得的成果在顺德区、乃至省市的兄弟学校内进行推广。

4. 研究方法

（1）调查法。通过问卷、访谈、测量、研究等科学方式，有目的、有计划、系统地收集有关问题或现状资料，从而获得关于课题研究的相关事实，并形成关于课题研究的科学认识。

（2）行动研究法。行动研究是指在自然、真实的教育环境中，教育实际工作者按照一定的操作程序，综合运用多种研究方法与技术，以解决教育实际问题为首要目标的一种研究模式。

（3）经验总结法。及时组织课题组教师进行经验总结、交流和研讨。

（4）文献研究法。通过查阅、收集、分析、综合有关科研文献材料，获取课题所需利用的信息，提升教师的理论水平。

（5）实验研究法。通过实验，探讨实验班学生在潜能发展和教育策略研究干预下学习成绩的变化。

（二）课题开展情况

1. 准备阶段

2014年11月—12月，课题组开始着手研究与课题相关的理论知识，主要通过文献研究的方法，结合课题组内成员按不同年份做出的文献综述全面了解本课题的研究现状。课题组内通过组会共享内部资源，积极落实理论知识对课题开展的引导。2015年1月—2月，课题组内进行分工之后，各研究方向的小组成员开始着手准备研究所需要的资料。这期间完成了调查问卷的设计、访谈稿的设计、教学模式探究的实验研究方法设计、教学评价体系的设计等准备工作。

2. 实施阶段

（1）完成教学因素研究并分析。

① 学生特点调查与分析。2015年3月上旬，课题组在我校高一、高二年级进行课题前问卷调查并对结果进行分析，共发出620份问卷，收回606份问卷，有效问卷为586份。该问卷为自编问卷，调查内容分为两大部分：第一部分主要针对学案导学教学模式对应的学情，包括高中生在课前、课堂教学中、课后具有的学习动机、自我监控能力、自我调节能力、自我评价能力即自主学习能力；第二部分主要针对小组合作教学模式对应的学情，包括高中生自主提出问题解决问题的能力、与他人合作的能力等。

② 教师观念调查与分析。2015年3月下旬，课题组在我校高一、高二年级进行课题前的教师访谈并对访谈的内容进行分析。该访谈稿为自编访谈稿，访谈内容主要基于调查问卷反馈的数据的分析，包括教师对自己的教学反思以及对学生的学情掌握情况等多个维度。

③ 教育环境（家庭）调查与分析。2015年3月中下旬，课题组针对我校的教育环境展开调查与分析。主要通过采访我校家长委员会的家长来了解学生在家里的学习情况，以及家长对于教师运用新教学模式培养学生的支持程度。

（2）探索不同的教学模式并不断改进。

2015年4月至今，研究内容主要是基于学情、教师观念以及教育环境的调查与分析，课题组分别在高一、高二年级开展符合我校学生特点的"小组合作""学案导学"以及"1+3"学习模式三种教学模式的探究。主要采用实验研究法设置了实验组与对照组，实验的因变量为阶段学习成绩，学习成绩通过统一的测试来衡量。在探索的过程中通过观课研讨、成果汇总以及测评结果不断对教学模式进行调整，使之更加符合学情。

① 小组合作。以往的"小组合作法"都是针对课堂教学时讨论的教学方法，本课题组开展的"小组合作法"不仅仅是单纯的课堂讨论组，而是采用了贯穿课前、课中、课后的小组合作模式，分为四个环节：预习、展示、讨论、评价与反馈。

② 学案导学。导学案不仅仅是教师上课前让学生预习的工具，更是学生复

习功课时最直接的资料。本课题组实施的导学案目的在于通过"问题式学案"让学生有针对性地阅读教材，改变学生原来流于形式的预习，并且鼓励学生寻找更多的获取信息的方法和途径，将自己在预习中遇到的难以理解的问题归纳汇总，培养其获取信息的能力。

③"1+3"学习模式。所谓"1"，就是"深度学习"。对教师而言，为了落实深度学习这一重要环节，实现问题驱动，课前教师要针对本节课的重难点设问、针对重要题型和方法设问、针对学生的易错点和疑难点设问，课堂上针对学生的展示情况设问、针对学生的思维冲突设问、针对学生课后作业存在的问题设问、针对学生的巩固效果设问等；对学生而言，针对知识盲点发问、针对重点题型解题方法发问、针对认知冲突发问、针对疑难问题发问等。

所谓"3"就是"三助式学习"。"三助式"教学模式，就是在教学中注重学生自助学习（简称"自助"）、学生互助学习（简称"互助"）和老师帮助学习（简称"师助"）三种学习方式科学结合的教学方式。

这种学习共同体一改以往只在课上讨论的形式，尝试针对不同层次的学生在课堂表现、课后作业、学业成绩的反馈上形成有效联动机制，从而激发组内学生的学习潜能。

（3）加强研讨交流，保证研究落实。

课题组根据研究进度设计了关于提高我校化学科组教师专业技能与理论知识水平的培养方案，共设置了8场不同专题的教师专业培训，邀请了不同的专家到我校进行专场讲座，培训内容涵盖化学新课标、全国课改先进校经验报告、课例观摩、备课改革、"小组合作""学案导学"教学实践与展示等，体现我校化学科组课堂教学的新思路、新理念、新变化。除此之外，课题组还充分利用多媒体等现代信息技术展开校本教研活动，鼓励同年级的不同教师开展"同课异构"校本教研活动，并且录制成微课，共享到学校的资源库中，促进教师之间的教学交流与相互学习。不断加强研讨交流，落实课题研究的推进。

（三）存在的问题

随着课题研究的不断深入，课题组在总结了前一阶段研究成果的同时，深刻地认识到研究工作才正式进入既定轨道，因此对本课题存在的问题进行了

思考。

1. 理论素养不够丰富

课题组成员在专家的指导下，阅读了一些与课题研究有关的书籍，丰富了自身的理论素养，但随着课题研究的不断深入，越来越感觉到理论知识的缺乏。

2. 课堂教学模式的固定化

面对课堂改革，课题组的教师都积极配合，承担了不同板块的教学模式实验任务。但是在反思研究过程后对教学模式的落实与改进方面，做得并不是很到位，有个别教师从开始研究课题到现在都只使用初定的教学改革方案，在研究后期，课题组将几种现行的教学模式进行整合实施时，有的教师开始放弃接收新的理论和知识，对教学改革产生了倦怠。

3. 学生的自制能力较差

在全面推进"1+3"学习模式的过程中，为了促进课堂"三助式"学习的有效开展，学生主要以围坐的形式上课。但是这样一来，课堂的纪律就成为不可控的因素。在初步设定的课堂给分方案中，针对不同层次的学生课堂表现给分不同，这也很容易导致学生形成彼此之间的等级观念，但如果废除，如何在实施过程中激发不同层次的学生的学习热情呢？除此之外，有些学生对学科的敏感度很高，有时候课堂上会出现为了加分而起哄的现象，但实质上大部分学生还没有反应过来，很容易给教师营造一种学生掌握情况又好又快的假象，使教学效果不增反减。

4. 作业量的控制落实不到位

学生在学习之后需要时间消化知识，过多的作业只会让学生来不及消化就开始机械做题，学习效果自然很差。课题组提出，针对新课，教师将每天的作业量控制在一面A4纸（学案导学）内，以测评学生掌握新知识的情况，这样学生在学到知识的同时，不至于对学科产生倦怠情绪。但实际上有部分教师无法落实，题量确实很重要，但是我们更应该还给学生更多独立思考的空间和时间。

（四）下一步计划

（1）深入开展课题理论学习，开展典型案例学习与分析、研究，做好学习心得撰写和交流。开展课题的交流研讨会，邀请专家举办讲座，组织研讨交流活动，认真总结课题中出现的问题和经验，并与其他兄弟学校沟通交流，促进课题组成员与课题研究共同成长。

（2）对教学改革成效较好的班级给予一定的荣誉和奖励，激励教师持续投入教学改革当中。

（3）深化"1+3"学习模式，重点在于探究如何在小组内实现最大程度激发不同层次的学生的学习潜能，完善课堂评价与日常管理评价的捆绑，以及实现各类量化表的升级与优化。

（4）在学案导学基础上优化预习板块与作业板块，科学控制题量与难度，形成符合我校学情的属于化学学科的一套习题体系。

（5）进一步加强课题资料（包括论文与授课视频等）的收集、整理工作，实行专人负责，做到及时整理、归档、上传。

二、1～2项代表性成果简介

（一）实践性成果

1. 学生从被动学习逐渐转化为主动学习

从基于我校学情的问卷调查与数据整理中，不难发现我校学生在学习上主要存在以下几个方面的问题：①学生缺乏自信心，对学习化学的兴趣不高。学生课前不会预习，课堂上不太会记听课笔记或者注释，课后不及时复习和总结，事实上学生的学习习惯与化学自主学习能力息息相关。②学生的学习状态是机械式的。学生从小学到中学的各科学习接受的都是传统的教学方式，传统观点下的化学学习方式是接受式化学学习，课堂上教师提醒或强调记笔记，学生才记笔记，至于笔记到底记了什么，有什么作用，学生从不去深入思考。长此以往形成了恶性循环，学生学习没有积极性，处于被动学习的状态。

通过推进三种不同教学模式的实施和改进，激发了学生的学习驱动力，让学生体会到了学习的成就感，并在每一次小组合作得分的自信中建立全面的学习自信。此外，课堂教学改革促进了师生之间的互动，良好的师生关系反过来作用于学生对化学学科的兴趣，使学生化被动为主动。

2. 教师从传授知识式备课逐渐转化为问题引导式备课

通过对访谈稿的整理，我校的化学课堂存在着以下几个问题：①大部分教师认为很难界定学生的层次结构，虽考虑过分层去培养学生的能力，但是由于学生之间差异太大，更多时候仍是采用传统的教学方法。②学生已经习惯于教师带着一起思考，所以即使在课堂上设置了小组讨论的环节，学生也不会真的去讨论，而是流于形式。③在应试的大教育背景下，升学压力使得教师在运用教学方法的同时不得不考虑学生的成绩，因此大部分教师不敢轻易去尝试新的可能促进学生更好学习的教学模式。这也从另一个方面说明我校的化学课堂还有很大的提升空间，此课题的开展正是一个绝佳的契机。

通过对课堂结构的重整，实现教师在课前可利用学案预测学生的学情，在备课时落实好整节课的流程和教学用语，循序渐进，不打无准备之战，从而在课堂上进行精准引导。只有顺畅缜密的思维才能成就学生同样流畅严谨的思维。教师在课中创设问题引发学生深度学习，让学生掌握重点、突破重难点并形成分析问题、解决问题的能力。这就要求教师不仅要会设问，而且要巧设问，激发学生的求知欲。除此之外，通过将课堂话语权交还给学生，教师的语言变得更加简洁。教师应该注意自己的课堂用语，太过啰唆和重复反而会使学生混淆课堂的重点。面对学生的求助，既要做到不直接给答案，又要一针见血地点破学生的困惑点，使学生有一种豁然开朗的学习成就感。

通过对教学模式的探索实践发现，教师再也不是课堂的主体，而是通过发挥自己的教育教学智慧，合理巧妙地设计教学环节，让学生成为课堂的主角，积极推动学生参与学习，真正做到师生互动。

3. 基本形成课前—课中—课后的学习共同体

通过对教学模式的探索实践，学生之间形成了稳固的学习共同体。课堂上的评价以学生在小组中的表现为主，从是否认真参与课堂、是否认真思考、是否有自己的见解等方面进行考察和评价。除了课堂上进行差异性的评价，教师对小组的评价应该是综合评价，涵盖考勤、作业、纪律、考试等。通过多元的评价，基本能涵盖学生在学习上的方方面面，实行小组捆绑式积分评价，促使小组内部在学习上的互相监督、互相促进，充分发挥小组合作的效益。对小组进行多元考核，不但能够提高学习效率，更能提升团队战斗力，减轻管理压力。

（二）理论性成果

通过课题研究，课题组的成员的理论水平得到了一定的提高。在研究的过程中，课题组成员提出自己在实践中发现的问题，大家集思广益，共同探索解决方法，课题组成员间形成了良好的研讨氛围，教学能力和科研能力有了明显提升。课题组成员能及时总结教学实践中一些具有参考价值的经验、反思存在的问题，主动撰写教学反思、案例、论文等。表4为课题研究期间课题组成员获奖（省级及以上）的论文与教学案例。

表4 课题组成员获奖表

姓名	获奖内容	奖项等级	获奖时间
周海欧	《分层教学法在高三教学中的实践》（论文）在广东省化学学会第一届全省中学化学教育高峰论坛会暨中学化学教学研究成果交流会上获奖	省一等奖	2015年6月
邵嘉旭	"一定物质的量浓度溶液的配制误差分析"（微课）在广东省中学化学2016年学术年会暨课题教学成果现场展示活动中获奖	省二等奖	2017年1月
陈焕龙	《浅谈高中化学学科核心素养和化学教学的结合》（论文）在广东省中学化学2016年学术年会暨课题教学成果现场展示活动中获奖	省二等奖	2017年1月
周海欧	"物质的分离和提纯"在2017年优秀多媒体教学课件评选大赛中获奖	省一等奖	2017年12月
郑弈	"原电池"在2017年优秀多媒体教学课件评选大赛中获奖	省二等奖	2017年12月
邵嘉旭	"金属的电化学腐蚀与防护"在2017年优秀多媒体教学课件评选大赛中获奖	省二等奖	2017年12月
郑弈	"过氧化钠与二氧化碳的反应"（微课）在广东省中学化学2017年学术年会暨课题教学成果现场展示活动中获奖	省一等奖	2018年1月
邵嘉旭	《基于化学学科核心素养的教学设计——以〈金属的电化学腐蚀与防护〉为例》（论文）在广东省中学化学2017年学术年会暨课题教学成果现场展示活动中获奖	省三等奖	2018年1月
周海欧	《深度挖掘教材，提升核心素养》（论文）在广东省中学化学2017年学术年会暨课题教学成果现场展示活动中获奖	省二等奖	2018年1月

姓名	获奖内容	奖项等级	获奖时间
郑弇	《高中化学课堂实施"三助式"教学的实践与思考——以〈铁的重要化合物〉教学为例》（论文）在第14届全国中青年教师（基教）论文大赛活动中获奖	省二等奖	2018年4月

（三）技术性成果

1.《化学》（人教版）必修1、必修2全套导学案

课前预习与课后练习是学生掌握知识的重要途径，然而市面上的练习册大部分不能很好地落实课堂上教师所讲授的知识点，因此在针对"学案导学"的教学模式探索中，课题组不断更新教学资源，坚持自制课前预习与课后练习习题集，使教学更具针对性，学生也能更加高效学习，突破教学重难点。

学生限时完成预习自测，教师能够更好地掌握学生预习的情况，从而在课堂上逐个突破学生学习过程中的疑惑。在导学案中还提供了让学生用于课堂上记录本节课重难点的区域，让学生在规定的区域内规划笔记的记录形式，这是一种良好的帮助学生整理知识点的方法，而且也有利于矫正学生记笔记的习惯。整套导学案都贯穿着先让学生自主探究知识、教师再讲解疑惑的原则，学生在课上将不再是单纯接受教师所讲知识的角色，而是带着预习过程中遇到的问题边思考边有重点地听讲，大大激发了学生学习的潜能并且提高了化学课堂的效率。

2. 授课视频

（1）视导课视频。顺德区前化学教研员曾智品老师曾多次莅临我校化学科组进行视导工作，并且在听完教师们的讲课后结合教师们的教学设计以及学生的学习效果对课堂进行了精彩的点评，也提出了宝贵的意见与建议，对我们化学科组的教学教研工作起到了极大的促进作用。这些课程都进行再三打磨并且录制存档，一方面是丰富科组教学资源库，另一方面是对上课教师的一种锻炼与改进反馈。图1和图2分别是徐启桉老师、陈焕龙老师运用"小组合作"和"学案导学"等教学方法的课堂实录片段。

图1　课堂1

图2　课堂2

（2）两地交流研讨课视频。学校精心筹备并顺利开展了"顺德—北京两地教研交流研讨活动"，我们化学科组在此次教研交流研讨活动中展示交流了课题组研究的部分成果，并且由邵嘉旭老师上了一节"金属的电化学腐蚀与防护"研讨课，清华大学附属中学朝阳分校的高级教师对邵老师的这一节课赞不绝口，认为课堂情感升华到位，实验创新现象明显，引导过程细致合理，课堂效率很高。这也从侧面说明教研合一的成果运用于课堂教学的实用性。

（3）各类公开课视频。我们化学科组开展了在各种教学模式指导下的公开课，有经验的教师和年轻教师同课异构，共同切磋进步。以下是郑弇老师根据"三助式学习""小组合作"教学模式开展的关于"铁的化合物"的公开课实录片段。

图3　郑弇老师公开课1

图4　郑弇老师公开课2

（4）微课视频。课题组教师响应利用多媒体等现代信息技术展开校本教研的号召，开展"同课异构"校本教研活动，并且将课堂教学录制成微课的形式，共享到学校的资源库中，促进教师们之间的教学交流与相互学习，其中部分微课还参与了2016年与2017年广东省中学化学精品优质微课评选活动并取得了优秀的成绩。

3. "1+3"学习模式的推进方案

"小组合作"学习模式能够打破传统的课堂教学模式，给课堂注入新的活力，尤其是帮助中等生和后进生树立信心，能很好地形成"让每一个学生进步"的教学氛围，符合现在课程改革倡导的学习方式，有利于学生长久地发展。结合我校的学情与正在实践的"1+3"学习模式，课题组旨在建立一套科学而全面的适合我校各学科实际的操作体系。在不断地实践、反思与改进当中，课题组形成了针对"1+3"学习模式的课堂细化量表若干。表5和表6为部分量表节选。

表5　高一（8）班周科目学习小组学习方面分数登记

小组	星期一		星期二		星期三		星期四		星期五		星期六		总计
	课堂	作业	课堂	作业	课堂	作业	课堂	作业	课堂	作业	课堂	作业	
第一组													
第二组													
第三组													
第四组													
第五组													
第六组													
第七组													

注：1.各个班干部按照学习小组的规则要求，各司其职，恪尽职守。

　　2.每位同学服从班干部管理，如果有异议，可以找班主任提出来，切勿影响同学感情。

表6　组内分工

小组	组长	语文	数学	英语	政治	历史	地理
第一组							
第二组							
第三组							
第四组							
第五组							
第六组							
第七组							

注：1. 组长负责组织本组学习与讨论。

　　2. 各科组长负责收各科作业。

广东省教育科学研究项目结题报告

一、研究背景

（一）研究现状分析

1. 教学现状分析

现在的基础教育中，仍然存在许多问题：如学生的学习状态不佳，课堂上听不懂或似懂非懂，被动学习难于消化（瞌睡），课后大量作业疲于应付，作业做不完，考试考不出，抑制兴趣失去信心。究其原因，是学生学习低效。而教师的工作状态表现为课前——兢兢业业，精心备课；课中——口若悬河，战战兢兢；考试——心中不爽，怀疑人生。教学非常低效（表7）。所以寻找一种高效的课堂学习模式非常有必要。

表7　教学现状分析总结表

现状及原因	学生学习		教师工作
现状分析	课堂上听不懂或似懂非懂，被动学习难于消化（瞌睡）		课前：兢兢业业，精心备课
	课后大量作业疲于应付，作业做不完		课中：口若悬河，战战兢兢
	考试考不出，抑制兴趣失去信心		考试：心中不爽，怀疑人生
原因	学习低效		教学低效

2. 国内外教学模式研究现状

随着人们生活水平不断提高、中学教育的普及以及信息技术的飞速发展，那种以教师为中心、书本为中心和课堂为中心的"满堂灌"传统课堂教学模式已经不适合当今的课堂，它难以进一步提高课堂教学的效率，也不利于激发学生的学习热情，与教育教学要立足于"人的培养"、着眼于"核心素养"的要求也大相径庭。后来就产生了"以学代教"的教学模式，而且现在比较流行。"以学代教"的初衷是好的：激发学生学习自觉性、积极性和主动性，消除教师"满堂灌"带来的消极后果。然而，现实中的"以学代教"机械地割裂了师生之间、生生之间应有的最为朴素的情感互动。卡尔·雅斯贝尔斯指出，真正的教育是"人对人的主体间灵肉交流活动"，是"人们灵魂的教育，而非理智知识和认识堆积"。

目前国内外有一些措施取得一定的效果。①"小班化"教学模式。在一些经济发达的国家，教育资源丰富，通过"小班化"教学对不同类型的学生进行分层管理。如日本文部科学省规定，一个教学班的标准人数为40人，不准超过，哪怕有41人，也必须分成两个教学班。在国内，一些资源充足的私立学校也将一个班的人数控制在30人左右，如碧桂园学校。②"走班式"教学模式。"走班式"教学让优秀的师资得到充分利用，同时也可以让不同类型的学生根据自己的实际情况选择适合自己的教师进行学习。如上海长宁区有两所学校实行"走班式"教学，取得较好效果。但这种方式对学生的管理难度较大。③网络资源辅助教学模式。针对学生基础不同、学习知识的能力和需要的时间不同，网络教学、网络资源打破了时间、空间的限制，给学生自主学习提供了平台，但这种方式要求学生有高度的自觉性和较高的自学能力。

泰兴市洋思中学的"先学后教，当堂训练"、山东杜郎口中学合作学习模式、昌乐二中"271高效课堂模式"、新绛中学问题解决式课堂模式等都通过有效的小组合作学习形式落实自主学习、合作学习、探究学习的要求，均取得了较好的教学效益和社会效果。近年来，顺德各中学也不约而同地步入小组合作学习、生本课堂创建等多种方式的课改研究行列，为新一轮课堂教学改革的推进增添了许多鲜活的研究课题。中学化学有其学科上的特色，许多教师也做了许多尝试，但在实际操作中不像其他学科那般顺利，有一定的局限性。因此，有必要探索新型教学模式。

（二）研究内容

（1）"1+3"学习模式的构建、理论依据、基本内容以及实施的原则。

（2）通过具体的教学案例，分析该模式在实际授课中的具体应用，包括具体步骤、实施原则、注意事项等。

（3）通过实验研究，对高一、高二的学生进行的教学干预，通过前测和后测，分析学生的学习成绩，研究"1+3"学习模式的教学效果。

（4）通过问卷调查和访谈，了解教师和学生对于"1+3"学习模式的态度以及认可度，了解教师、学生和课堂的转变，分析该教学模式推广实施的可行性。

（三）研究意义

通过本项目研究，构建出一种高效的学习模式——"1+3"学习模式，这是在化学学科核心素养下构建的自主新型的课堂教学模式，可以为广大的一线教师提供一种新的教学思路与范例，同时激发学生学习化学的兴趣，更重要的是引导学生自主学习，学会学习，在学习中学会发现问题、提出问题、分析问题、解决问题，从而培养他们的学习能力。

二、研究方案

（一）研究对象

本研究的研究对象是广东省佛山市顺德区华侨中学高一、高二学生及其

教师。

（二）研究方法

本研究采用文献研究、问卷调查、实验研究、行动研究等方法，将量化数据与质性数据相结合，利用SPSS 23.0软件进行数据分析，采用了描述性统计、t检验等统计方法。

1. 文献研究法

通过查阅、收集、分析、综合有关教学模式以及教学理论的文献材料，获取课题所需利用的信息，提升教师的理论水平。

2. 调查法

通过问卷、访谈等科学方式，有目的、有计划、系统地收集有关班级的具体的学习情况，从而获得关于课题研究的相关事实，并形成关于课题研究的科学认识，后期使用问卷调查的方法检验"1+3"学习模式的具体效果。

3. 案例研究法

结合具体的教学案例，详细阐述"1+3"学习模式在课堂上运用的步骤、原则。

4. 经验总结法

及时组织课题组教师进行经验总结、交流和研讨，发现该教学模式的优点与不足之处，并及时提出合理的意见加以改进。

5. 实验研究法

通过设置对照组与实验组进行教学干预，研究学生在"1+3"学习模式的干预下学习成绩的变化，研究其教学的效果。

（三）研究思路

本课题在新课改的背景下，旨在开发学生潜能，构建高效化学课堂模式。因此本研究在课题组多年教学经验的基础上，通过研讨分析，构建出一种高效的课堂学习模式——"1+3"学习模式，其中，"1"指深度学习，"3"指三助式学习，包括"自助、互助、师助"三种途径。先通过文献研究明晰现在的中学课堂教学模式的基本现状，明确"1+3"学习模式的基本内涵、基本特征以及操作性定义，接着通过实验研究，研究"1+3"学习模式的效果，并通过问卷和访谈的方式了解实行"1+3"学习模式之后，教师、学生以及课堂的转变情况，通过SPSS数据分析，得出研究成果。最后进一步将"1+3"学习模式进行推广研究。图5为本研究的技术路线。

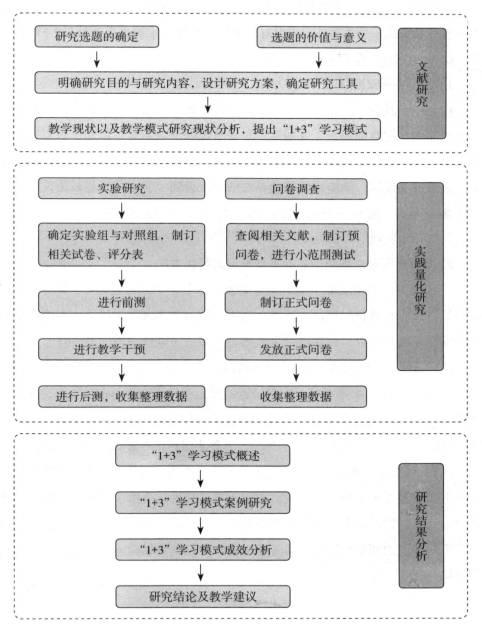

图5　研究的技术路线

三、"1+3"学习模式概述

在多年教学实践总结的基础上，本研究于2016年6月提出了"1+3"学习模式，同年9月在本校化学课题组中实践，2017年9月到现在一直在本校九大文化课中推广和实践，师生反映效果良好，其他一些兄弟学校也准备推广实践。

（一）"1+3"学习模式的含义

1."1"——深度学习

作为中学教学，深度学习最好的途径就是教师带领学生主动寻找和发现学习中的问题。对教师而言，课前要针对每节课的重点和难点设问、重要题型和方法设问、学生的易错点和疑难点设问，课堂上针对学生的展示情况设问、学生的思维冲突设问、学生课后作业存在的问题设问、学生的巩固效果设问等。对于学生而言，要针对知识盲点发问、重点题型解题方法发问、认知冲突发问、疑难问题发问等。

2."3"——学生解决问题的三种学习途径和方法

（1）要求教师在课前布置针对性的预习任务，学生通过预习、钻研、查阅资料等方式实现自我的记忆、理解、运用，解决大部分知识问题，明确剩余小部分需要突破的难点。而在课堂上教师也需要适时创设情境问题，让学生在自己的能力范围内通过阅读、思考、查阅资料、自我探究等形式解决。

（2）课堂上，要求教师针对每节课的重点和难点设置一定量的探究问题，让学生小组内通过合作探究、分享对比、思维碰撞、互帮互助等方式解决问题。在课后，学生还可以通过请教同学、开展小组讨论等形式进一步解决问题。

（3）对于学生的知识疑惑，教师的启发、点拨、点评是主要的解决渠道。课堂上，通过教师的启发、点拨、讲解等方式帮助学生解决自助和互助中不能解决的问题，或者在课堂上延伸拓展知识。而课后，教师的辅导可以进一步加强学生对知识的理解与运用，培养学生爱问问题、爱钻研问题、爱讨论问题的好习惯。

3. 灵活的"1+3"学习模式

灵活的"1+3"学习模式如表8所示。

表8 灵活的"1+3"学习模式

项目	灵活的"1+3"学习模式			
四步	找—助—展—评			
解读	找：深度学习，寻找问题	助：自助、互助、师助	展：展示学习成果	评：师生点评
灵活体现	1. 不同课型，不同问题； 2. 课中任何时候都可以开展"1+3"学习模式； 3. 问题可以由师生提或突发	解决问题，"三助"的顺序可变，不固定	展示的方式： 1. 讲； 2. 写； 3. 表演等	点评方式： 1. 老师评； 2. 学生评
目的与意义	1. 培养学生学习的自主性； 2. 课堂上教师易于操作，提高课堂效果； 3. 培养学生的核心素养，特别是学生的终身学习能力			

（二）"1+3"学习模式的理论基础

1. 学习金字塔理论

美国学者埃德加·戴尔在1946年提出了"经验之塔"的理论，后来美国缅因州国家训练实验室也做过类似的研究，就是著名的"学习金字塔"，如图6所示。

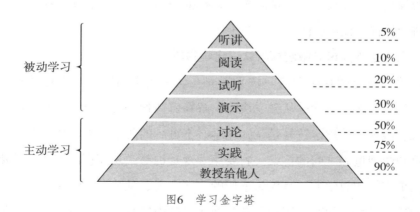

图6 学习金字塔

从学习金字塔不难发现，主动学习比被动学习的效果明显好很多，特别是

"教授给他人"学习内容平均留存率高达90%，值得教师思考。埃德加·戴尔指出，学习效果在30%以下的几种传统方式，都是个人学习或被动学习；而学习效果在50%以上的，都是团队学习、主动学习和参与式学习。

2. 建构主义学习理论

建构主义学习理论的代表人物皮亚杰认为"在教学过程中，知识不是通过教师传授得到，而是学习者在一定的情境即社会文化背景下，借助其他人（包括教师和学习伙伴）的帮助，利用必要的学习资料，通过意义建构的方式而获得"。因此"情境""协作""会话"和"意义建构"是建构主义学习理论的四个基本要素。在建构主义学习理论强调的教学模式下，教师应该从"讲授者"的角色转变为"指导者与协助者"的角色，这也是"1+3"学习模式下强调的"师助"；另外学生在教师指导下，进行小组合作学习，这与"1+3"学习模式的"互助"相对应；让学生在具体的情境下对知识进行自主构建，这与"1+3"学习模式的"自助"相对应。

（三）"1+3"学习模式的目的与意义

突出学生的主体地位和教师的引导作用，推动学生自觉、主动参与学习，学会发现问题、寻找问题，然后想办法解决问题，提升学生的学习能力，提高课堂的教学效果，从而培养学生的核心素养。贯彻落实"化学核心素养"下的"1+3"学习模式主要从"化学核心素养"内涵所囊括的五个维度——宏观辨识与微观探析、变化观念与平衡思想、证据推理与模型认知、实验探究与创新意识、科学精神与社会责任——来展开。

1. 利用宏观辨识与微观探析认识化学物质

宏观辨识与微观探析这一核心素养在认识化学物质、学习化学的初始阶段是尤为重要的。化学是从微观层面上解释宏观物质的学科。宏观上的化学实验现象、微观上的化学符号是认知化学必不可少的两个方面，化学符号则是宏观现象和微观世界之间的桥梁。若要用宏观辨识与微观探析的方式认识化学物质，三重表征的教学方法是极为适用的，即宏观、微观、化学符号三者间在课堂上的巧妙运用。学生对于物质及其变化的微观感知是建立在观察宏观现象的基础上的，教学中教师在条件允许的情况下可尽量带领学生动手操作实验，让学生在"自助""互助"氛围中体验科学探究过程。若实验具备危险性，可由教师自行操作或播放实验教学视频，学生在实验中观察现象、描述现象、分析现象，用化学符号表示现象，教师在一旁通过"师助"引导学生认识物质的微观构成，才能使学生形成宏观与微观结合的思维方式，形成"结构决定性质，性质决定用途"的化学思想。

2. 利用变化观念与平衡思想关注化学变化

化学学科之中掺杂着无数的化学变化，化学变化的多样性构成了化学世界的多彩性。变化观念与平衡思想的培养，要求教师在教学当中既要使学生熟知并运用化学原理解释相关反应原理，又要注重运用已有的知识探索反应发生条件，建立起变化可控的化学观念。教师需要结合教材内容要求，自行调整教学顺序，先让学生掌握化学变化的相关理论，而后利用理论联系实际，或先呈现化学变化，而后深入解析。这些教学顺序都是可行的，通过设问引发学生"深度学习"的问题链，将教学重点落在学生能分析发生了什么化学变化、这个反应为何会发生、不同条件下获得的产物是否不同等方面。实际教学中学生已经习得物质处在不断的运动当中，可大多数学生仍不解化学变化的本质，归根结底是学生对立统一、联系发展和动态平衡的观点尚未建立起来。例如，在氧化还原反应的理论学习下，教师要善于指导学生自行预测氧化产物与还原产物，面对学生的错误预测，不能批评，要耐心解释，循循善诱。

3. 利用证据推理与模型认知分析化学问题

在学习化学学科时，演绎法的运用是至关重要的。发现问题，依据事实证据做出合理推理，构建解决化学问题的模型，最后解决问题。而这恰恰与"1+3"学习模式所推崇的教学理念吻合——让学生体验知识生成的过程。为了快速提高学生成绩而一味灌输知识，忽略学生的思维建模是普遍的教学现象，这种只求眼前升学率而不顾学生以后发展的做法必须纠正。在提出引发学生"深度学习"的问题前，教师可以通过演示、提供问题解决的原型、为学生的问题解决过程提供反馈等方式做出示范，然后让学生自行模仿或创造解决问题的方法，使学生意识到自己在问题解决过程中所运用的认知策略优势，帮助学生建立思维模型框架，培养学生的发散思维能力。

4. 利用实验探究与创新意识启发化学思维

学生的探究式学习是启发学生化学思维、培养创新意识的有效学习方式，学生主动探究、勇于探究，教师需特别注意发展学生的思维能力，引导学生发展"元认知"能力。教师给予探究的时间、条件，善于创设化学情境，以现实中真实存在的问题为背景，合理设计探究过程，适当把握探究难度，让学生自行思考和解决化学问题，有意识地发挥学生的创造性。这种创造可以是学生个人的成果，也可以是他们通过"互助"学习得到的团队成果。通过"1+3"学习模式，培养学生实验探究的相应素养，挖掘学生的潜能，才是有利于学生今后发展的明智之举。

5. 利用科学精神与社会责任培养化学观念

化学学科渗透出的严谨的科学态度以及绿色环保观念对于学生形成内化的道德标准有着举足轻重的作用。学生总有一天要走向社会，成为社会的一分子，因此只有尊重事物发展规律，认识真理、发现真理，认识到环境保护和资源合理开发的重要性，才能勇于承担社会责任，将所学的知识转化为生产力，在应用化学的同时兼顾环境及资源的保护，才能促进国家可持续发展。教师在日常教学的"师助"环节之中，要有意识地传递积极的化学观，建构利用化学服务于人类社会的科学伦理。积极的化学观念的形成才是化学核心素养的真正落实，才能避免学生日后使科学潜在的隐患转变为现实的危害。

（四）合作小组设计

在实际教学中发现这样的现象：被动互助则退步，主动互助则进步。因此，"1+3"学习小组的设计及人员搭配非常重要，设计的小组应当在促进优生发展的同时，促进其他学生的进步。

1. 小组分层及分布

多年的教学实践表明，图7所示的2A4B型或2A5B型"1+3"学习小组比较理想，其中A层代表成绩较好的同学，B层为其他同学。小组分工时，可指定2名A层同学轮流负责组织本小组的学习活动。

B	
B	B
A	A
B	B

（a）2A4B型

B		
B	B	
A	A	
B	B	

（b）2A5B型

图7　"1+3"学习小组座位分布表

2. 实施流程

整个实施过程分为以下四个环节。

（1）讨论环节。①分享：B层同学先分享，然后A层同学主动分享并指导B层同学思考分析。②互助：A层同学主动帮助B层同学解决疑问。③总结：B层同学归纳总结问题的解决思路与方法。

（2）展示环节。①原则上必须由B层同学进行展示，答对可以得2分，答错不得分；若B层同学无法解决，则由A层同学展示，答对可以得1分，答错扣1分。要鼓励A层同学多帮助B层同学，B层同学多主动求助。②展示小组讨论的结果，而不是个人想法。③要求展示学生大方、得体、声音洪亮、字迹清楚等。

（3）点评环节。①原则上A层或B层同学都可以点评，点评时模仿教师讲课一般，要求面向同学，声音洪亮，先解读题目，再分析思路和答案，最后根据教师要求给展示的答案打分。②点评结束后，可以继续提问，如都听懂了吗？还需要再解释吗？确保大家都听懂了。

（4）质疑环节。①针对其他小组或同学展示或点评的答案，发表自己的见解或疑惑，计分办法与展示计分办法一致。②质疑要有水平，要有针对性，不能胡乱提问，捣乱课堂秩序。

（五）"1+3"课堂教学评价设计

为了客观评价教学效果，本研究设计了"1+3"教学评价表，见表9。整个评价分为四部分，其中一、二部分体现"1+3"学习模式的实施过程，三、四部分体现"1+3"学习模式的实施效果。每一维度的赋分只分三个层次，目的明确，易于操作。

表9 "1+3"教学评价表

序号及权重	项目	过程评价		项目得分	总分
一 （30分）	深度学习 （师生科学设问）	一般（18～20分）			
		较好（21～25分）			
		很好（26～30分）			
二 （45分）	三助 （采用自助、互助、师助三种方式解决问题情况）	自助	一般（6～9分）		
			较好（10～12分）		
			很好（13～15分）		
		互助	一般（6～9分）		
			较好（10～12分）		
			很好（13～15分）		
		师助	一般（6～9分）		
			较好（10～12分）		
			很好（13～15分）		
三 （15分）	师生互动 （师生精神面貌）	一般（6～9分）			
		较好（10～12分）			
		很好（13～15分）			
四 （10分）	课堂效果 （学生对课堂教学的收获）	一般（4～6分）			
		较好（7～8分）			
		很好（9～10分）			
听课教师的话	优点				
	建议				

四、"1+3"学习模式教学案例与学习效果研究

（一）"1+3"学习模式教学案例分享

本研究以"盖斯定律在反应热计算中的应用"为教学案例，研究"1+3"学习模式。盖斯定律是全国高考必考考点之一，无论是高二新课还是高三复习课，

学生的学习效果不甚理想，教师在教授盖斯定律的过程中，虽然讲授得非常仔细，也会进行一定量的练习训练，但学生每次考试做这类题的时候，依然要花很多时间，得分率也不高，一个重点班（80%的学生能上本科）能全对的学生只占60%左右。为此我校于2018年在高二全年级实践了"1+3"学习模式，取得的效果非常不错。具体设计过程见表10。在教学的过程中，该案例充分尊重学生的主体性，让学生主动积极地参与学习过程，通过小组合作（互助）、教师指导（师助），对知识进行深度的构建，学生的实践能力和创新精神得到了良好的发展。

表10　"1+3"学习模式教学设计表

"盖斯定律在反应热计算中的应用"的"1+3"教学模式		
过程	内容	设计意图
问题	已知：$CO（g）+1/2O_2（g）\!=\!=\!CO_2（g）$　$\Delta H_1=-283.0kJ·mol^{-1}$； $C（s）+O_2（g）\!=\!=\!CO_2（g）$　　　　$\Delta H_2=-393.5kJ·mol^{-1}$； 则$C（s）+1/2O_2（g）\!=\!=\!CO（g）$　　$\Delta H_3=?$ 思考：如何通过盖斯定律求出ΔH_3？	
师助	盖斯定律在反应热计算中的应用方法与步骤： （1）确定待求的反应方程式。 （2）找出待求方程式中各物质出现在已知方程式的位置。 （3）根据未知方程式中各物质计量数和位置的需要对已知方程式进行处理，或调整计量数，或调整反应方向。 （4）实施叠加并检验上述分析的正确与否	教师开门见山给出盖斯定律在反应热计算中的应用方法与步骤，让学生一看，只有区区四步，不会产生畏难心理
师助	$CO_2（g）\!=\!=\!CO（g）+1/2O_2（g）$　　　$-\Delta H_1=+283.0kJ·mol^{-1}$； $C（s）+O_2（g）\!=\!=\!CO_2（g）$　　　　$\Delta H_2=-393.5kJ·mol^{-1}$； $C（s）+1/2O_2（g）\!=\!=\!CO（g）$ $\Delta H_3=-\Delta H_1+\Delta H_2=-110.5kJ·mol^{-1}$	通过实例讲解方法与步骤，帮助学生理解知识
师助	温馨提示： （1）热化学方程式同乘以某一个数时，反应热数值也必须乘上该数。 （2）热化学方程式相加减时，同种物质之间可相加减（状态必须相同），反应热也随之相加减。 （3）将一个热化学方程式左右颠倒时，ΔH的"+、－"号必须随之改变	告诉学生在做题中如何处理细节

	"盖斯定律在反应热计算中的应用"的"1+3"教学模式	
过程	内容	设计意图
自助	计算出石墨变成金刚石的反应热（25℃，101kPa）。 ①C（石墨，s）+O_2（g）=CO_2（g）　ΔH_1=-393.5kJ·mol^{-1}； ②C（金刚石，s）+O_2（g）=CO_2（g）　ΔH_2=-395.0kJ·mol^{-1}； ③C（石墨，s）=C（金刚石，s）　　ΔH_3=? 请说出你的解题思路与过程	独立思考，理解并应用知识
互助	学生先小组讨论再展示： 由③=①-②得 ΔH_3=ΔH_1-ΔH_2=+1.5kJ·mol^{-1}	培养学生发现问题、合作学习和清晰表达的能力
自助	已知下列热化学方程式： ①Zn（s）+1/2O_2（g）=ZnO（s）　　ΔH_1=-351.1kJ·mol^{-1}； ②Hg（l）+1/2O_2（g）=HgO（s）　　　ΔH_2=-90.7kJ·mol^{-1}； ③Zn（s）+HgO（s）=ZnO（s）+Hg（l）　ΔH_3=?	巩固练习，培养信心
互助	学生直接展示答案： 由③=①-②得 ΔH_3=ΔH_1-ΔH_2=-260.4kJ·mol^{-1}	节省课堂时间
自助	已知： ①C（s）+O_2（g）=CO_2（g） ΔH_1=-393.5kJ·mol^{-1}； ②2CO（g）+O_2（g）=2CO_2（g） ΔH_2=-566kJ·mol^{-1}； ③TiO_2（s）+2Cl_2（g）=$TiCl_4$（s）+O_2（g） ΔH_3=+141kJ·mol^{-1}； 则TiO_2（s）+2Cl_2（g）+2C（s）=$TiCl_4$（s）+2CO（g）　ΔH=＿＿＿。 请说出你的解题思路与过程	知识提升，挑战自我
互助一	小组讨论	培养学生合作学习的能力
互助二	学生上黑板展示答案（边讲边写）： 同学甲：先将①和②处理为①×2-②，得到 ④2C（s）+O_2（g）=2CO（g）　ΔH_4=-221kJ·mol^{-1}， 然后③+④得到 TiO_2（s）+2Cl_2（g）+2C（s）=$TiCl_4$（s）+2CO（g） ΔH=-80 kJ·mol^{-1}	培养学生的表达能力，学生通过讲解思路过程、发现问题、解决问题，解开教师心中多年的困惑

过程	"盖斯定律在反应热计算中的应用"的"1+3"教学模式	
	内容	设计意图
互助二	谁有不同方法请展示： 同学乙：先将②和③处理为③-②，得到 ④ TiO_2（s）$+2Cl_2$（g）$+2CO_2$（g）$==TiCl_4$（s）$+2CO$（g）$+2O_2$（g） $\Delta H_4 = +707kJ \cdot mol^{-1}$， 这时，这位同学突然讲不下去，得到的方程式中物质太多，把自己搞晕了。 谁还有不同方法请展示： 同学丙：我将3个反应同时进行：$2 \times ①-②+③$， 即 $\Delta H = 2\Delta H_1 - \Delta H_2 + \Delta H_3$，根据盖斯定律直接求得反应热： $\Delta H = -80kJ \cdot mol^{-1}$ （学生丙一讲完，教室里突然响起雷鸣般的掌声）	
自助互助	已知下列反应的反应热： ① CH_3COOH（l）$+2O_2$（g）$==2CO_2$（g）$+2H_2O$（l） $\Delta H_1 = -870.3kJ \cdot mol^{-1}$； ② C（s）$+O_2$（g）$==CO_2$（g） $\Delta H_2 = -393.5kJ \cdot mol^{-1}$； ③ H_2（g）$+1/2O_2$（g）$==H_2O$（l） $\Delta H_3 = -285.8kJ \cdot mol^{-1}$。 试计算下列反应的反应热： $2C$（s）$+2H_2$（g）$+O_2$（g）$==CH_3COOH$（l）	自己尝试其他同学好的方法，体验式学习
自助	课堂练习： （1）已知： ① $2C$（s）$+O_2$（g）$==2CO$（g）　　$\Delta H_1 = -221.0kJ \cdot mol^{-1}$； ② $2H_2$（g）$+O_2$（g）$==2H_2O$（g）　　$\Delta H_2 = -483.6kJ \cdot mol^{-1}$。 则制备水煤气反应 C（s）$+H_2O$（g）$==CO$（g）$+H_2$（g）的 ΔH 为（　　） A. $+262.6kJ \cdot mol^{-1}$　　　　　　B. $-131.3kJ \cdot mol^{-1}$ C. $-352.3kJ \cdot mol^{-1}$　　　　　　D. $+131.3kJ \cdot mol^{-1}$ （2）已知下列热化学方程式： Fe_2O_3（s）$+3CO$（g）$==2Fe$（s）$+3CO_2$（g）$\Delta H_1 = 26.7kJ \cdot mol^{-1}$； $3Fe_2O_3$（s）$+CO$（g）$==2Fe_3O_4$（s）$+CO_2$（g）$\Delta H_2 = -50.75kJ \cdot mol^{-1}$； Fe_3O_4（s）$+CO$（g）$==3FeO$（s）$+CO_2$（g）$\Delta H_3 = -36.5kJ \cdot mol^{-1}$； 则反应 FeO（s）$+CO$（g）$==Fe$（s）$+CO_2$（g）的焓变为_____	知识巩固

续 表

过程	内容	设计意图
"1+3"学习模式教学收获	（1）解开了自己应用盖斯定律计算反应热的教学的多年困惑。同学甲和乙的方法其实都没错，只是把本来可以简单解决的问题弄复杂了，最后把自己也搞晕了，这也代表了多数同学的思想与方法。 （2）学生兴趣盎然地参与到教学中来，特别当听到全班学生对同学丙给出发自内心、情不自禁的掌声时，师生互动，我非常享受我的课堂。 （3）在两周之后的月考中，让我感到意外的是，班上42名学生在这类题的考查中全通过了，可见"1+3"学习模式教学效果非常好	

（表顶部标题）"盖斯定律在反应热计算中的应用"的"1+3"教学模式

（二）"1+3"学习模式的学习效果研究

1. 分组实验对比

2016年9月，基于学情、教师观念以及教育环境的调查与分析，本研究在构建"1+3"学习模式的基础上，采用实验研究法，分别在高一、高二年级开展"1+3"学习模式的探究。本项目设置了实验组与对照组，实验组采取"1+3"的学习模式，对照组采用传统的教学模式，实验的因变量为阶段学习成绩，主要通过统一的测试来衡量，而实验的无关变量如表11所示。

表11 "1+3"学习模式实验设计表

无关变量名称	无关变量控制方式
学生特点	实验组与对照组的学生无显著差异
教材内容	同一版本教材
教学时间	同等课时
教师教学水平	同一教师任教，教师不担任班主任
学生原学习成绩	实验前成绩无显著差异
测试方式	统一评分标准，统一阅卷

高二年级实验组分别为顺德华侨中学高二（5）班、高二（1）班，对照组分别为高二（6）班、高二（2）班。高二年级的前测主要采用其高一下学期期末的全市统考成绩，四个班级高一下学期期末全市统考的成绩对比见表12。由表12可见，高二（5）班和高二（6）班的学生的学科知识水平相当，高二（1）

班和高二（2）班的学生的学科知识水平相当，不存在显著性差异。

表12　高二年级前测数据表

班级	任课教师	人数	前测平均分
高二（5）班	申水源	47	77.86
高二（6）班	申水源	45	78.65
高二（1）班	邓冬玉	43	67.16
高二（2）班	邓冬玉	46	66.95

高一年级实验组分别为高一（5）班、高一（1）班，对照组分别为高一（6）班、高一（2）班。高一年级的前测主要采用其中考成绩，四个班级中考的成绩对比见表13。由表13可见，高一（5）班和高一（6）班的学生的学科知识水平相当，高一（1）班和高一（2）班的学生的学科知识水平相当，不存在显著性差异。

表13　高一年级前测数据表

班级	任课教师	人数	前测平均分
高一（5）班	黄桂香	43	86.06
高一（6）班	黄桂香	44	85.24
高一（1）班	王纯	48	77.33
高一（2）班	王纯	47	78.02

半个学期后对这一阶段的教学效果进行统一测评，各班级学生期中考试成绩对比结果如图8、图9所示。

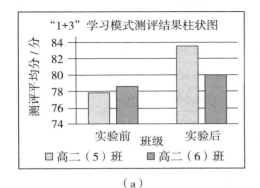

（a）

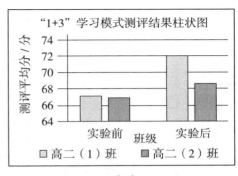

（b）

图8　高二年级"1+3"学习模式测评结果柱状图

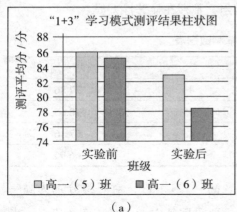

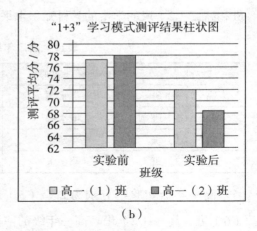

图9　高一年级"1+3"学习模式测评结果柱状图

由柱状图对比可以得出，高二组高二期中考试的难度系数比高一下学期期末测评试卷的难度系数低一些，因此实验前后实验班与对照班的成绩都有所上升；高一组高一期中考试的难度系数比中考测评试卷的难度系数大一些，因此实验后实验班与对照班的成绩都有所下降，这也从侧面反映在之后的测评中应该保持试卷难度系数差异不大才更能说明问题。但这也不影响数据体现出来的学生的学科知识水平由实验前相差无几到实验后略有差距的事实。

最后分别对实验组和对照组做独立样本t检验，结果见表14。

表14　实验组与对照组t检验分析

小组	班级	人数	M	SD	t
第一组	高二（5）班（实验组1）	47	83.54	5.706	6.618***
	高二（6）班（对照组1）	45	80.00	6.540	
第二组	高二（1）班（实验组2）	43	72.00	8.987	7.114***
	高二（2）班（对照组2）	46	68.65	7.066	
第三组	高一（5）班（实验组3）	43	82.96	9.044	6.832***
	高一（6）班（对照组3）	44	78.45	8.786	
第四组	高一（1）班（实验组4）	48	72.00	6.765	7.976***
	高一（2）班（对照组4）	47	68.40	6.005	

注：***表示$P<0.001$。

由表14可知，各个实验组平均值（M）均显著高于对照组。第一组（t=6.618、$P<0.001$）、第二组（t=7.114、$P<0.001$）、第三组（t=6.832、$P<0.001$）、第四组（t=7.976、$P<0.001$），表明实验组采用了"1+3"学习模式后，学生学习成绩有了显著提升，教学质量得到提升。"1+3"学习模式在一定程度上提升了学生学习的主动性，有利于学生合作学习，学生提出问题与解决问题的能力得到提高，提升了课堂的教学效果。

2. 教师改变

改变了过去"满堂灌"思想，教师不再只是知识的传授者，更大程度上成为教育教学的研究者、学生学习的合作者、学生学习的引导者、学生学习的促进者。课堂上，教师让学生充分参与课堂，不断利用问题引导学生思考和学习，同时将更多的时间和空间留给学生讨论、展示、质疑，知识有了生成过程，课堂效率提高了，考试成绩当然也会提高，这样教师的幸福感和获得感增强了。

3. 学生改变

通过"1+3"学习模式，学生的学习热情较以前有了很大的提高，实现了"要我学"变为"我要学"，提高了学习效率，同时综合素质也明显提高，比如语言表达能力、阅读能力、查阅资料和搜集处理信息的能力、沟通能力、质疑创新能力、合作能力等，更重要的是学会了发现问题，然后通过自助、互助、师助三种途径解决问题，培养了学生的核心素养和终身学习能力。

4. 课堂改变

实行了"1+3"学习模式，课堂不再是闭塞的，而是开放的，学生所学的知识比以前更有宽度、更有深度，学生的思维没有受到束缚，而是自由发散。教学过程中也不再是教师单向地传授，而是师生的双向互动，师生、生生成为真正的学习共同体，学生可以有更多的机会自主学习、自由分享、相互碰撞、相互帮助。

五、教学建议

教师采用"1+3"学习模式进行课程教学时，对比传统模式的教学尤其需

要关注以下三个环节：

（一）课前备课环节

1. 精准备课

相对传统的讲授式课堂，"1+3"课堂中，教师角色为"导演"，更多的时间和空间都需要留给学生，因此要求教师更为精准地备课。教师备课过程中尤其要把握本节课的核心内容，充分了解学生的学情，确定好哪部分内容是学生可以通过自助式学习自行解决的，哪部分内容是需要学生通过互助式学习解决的，哪部分又是需要通过师助式学习才可以解决的。唯有精准备课才能使得我们课堂的各环节紧密衔接，不会产生重复臃肿繁杂的环节，从而有效提高课堂的效率。

2. 精准设问

学生通过自助的方式学习毕竟是浅层学习，对重难点知识的理解往往不够深入。对于需要通过互助和师助来解决的这部分知识和内容相对较难，也是课堂的核心内容，因此教师在课中往往要创设问题链引发学生思考、讨论、交流，进行深度学习，从而让学生掌握重点、突破重难点并形成分析问题、解决问题的能力，达到培养学生学科素养的目标。所以教师在备课环节不仅要设问，而且要会设问、巧设问、精准设问，激发学生的求知欲。精准设问要求设置的问题需要具有层次性，一般是由易到难循序渐进，太简单的知识，不建议设问，可以通过自助学习和检测去解决，同时课堂设问的数量也不能过多，以免影响教学进度。教师再也不是课堂的主体，而应该发挥自己的教育教学智慧，合理巧妙设计教学环节，让学生成为课堂的主角，积极推动学生参与学习，真正做到师生互动。

（二）课堂教学环节

1. 精准的引导

教师在课堂上的一言一行对学生都有引导作用，在"1+3"课堂中，更多时间空间将会给到学生去思考、讨论、交流、展示，因此教师要在备课时落实好整节课的流程和教学用语，循序渐进，不打无准备之仗。课堂上教师的语言要更为精炼，引导语要恰到好处，指示语要准确明了，这样才能让学生清楚明确每个环节该做什么任务，课堂才能有序进行。教师只有用顺畅缜密的思维才能成就学生同样流畅严谨的思维。

2. 多维的点评

"1+3"课堂是以学生为主体的课堂，教师担任导演角色，因此面对学生的展示，教师需要及时给予回应和点评，尤其是尽可能多一些鼓励性的点评，充分调动学生的积极性，让他们更好地参与课堂，另外也可以针对学生的表达能力、书写规范、仪容仪态等多方面进行多维点评，激励他们全方面发展，提升个人综合素质，如表达能力、组织能力、协调能力、合作能力等。

3. 适时的把控

在"1+3"课堂上，教学环节相对较多，教师要学会精准把控各环节的时间和课堂的节奏。建议训练学生必须限时完成任务，可以利用电子课件标识所限的时间，甚至启用倒计时小工具，帮助学生养成限时意识，提高效率。但是针对课堂上产生的一些新问题，例如实验现象不是预设的现象，这时我们不能一味地为了完成既定的教学内容而选择忽视这些非常好的课堂素材，教师可以灵活把控时间和节奏，引导学生思考讨论，交流质疑，深入学习，将知识内化和升华，从而实现深度学习。因此课堂节奏的把控非常重要，既要把控好时间和进度，又不能局限于预设的限定时间和内容，要以实际情况和学生的反馈为核心，确实落实好本课时教学内容的深度学习。

4. 公正的评价

学习小组是在"1+3"课堂的组织单元，小组的学习热情往往需要评价机制来维持。因此课堂上教师要对小组的学习状态、成果等方面及时评价，由班级的评价专员登记好教师给出的评价，纳入小组考核的累积积分。为了保证评价的意义，教师的评价除了及时还须公正，只有公正的评价才能让学生正确明辨正误，只有公正的评价才能让学生信服，只有公正的评价才能真正激活学生的学习激情。

（三）课后延伸环节

1. 优化作业内容

课堂教学的时间毕竟是有限的，很多知识需要通过课后作业来巩固和落

实，课后作业也是"1+3"学习模式中非常重要的一部分。可以通过严格把控作业的量来优化作业的质，控制好量的基础，促使教师根据课堂教学内容精心挑选合适进度和难度的作业内容，让学生精准训练，既可以节省学生的时间又能提升学习的效率。另外作业可以分为A、B、C三部分，针对不同层次的同学，作业要求也应该有所不同，基础相对薄弱的学生完成基础的A部分，中等层次的学生完成基础加提升的A、B部分即可，优生完成A、B部分后仍需挑战完成最后的附加题C部分。

2. 个性化的辅导

不同的学生个体存在一定的差异性，每个学生对于知识的吸收程度会有所不同，除了课堂教学和课后作业外，教师仍需特别增加个性化辅导环节，该环节可以借助其他工具。现在很多网络教育公司都具备的大数据分析系统，例如网络系统能够跟踪到学生的错题，对照学生的错题，系统分析并举一反三，提供学生该学科的学业分析报告（含错题集和提分宝），让学生能够清楚认识自己薄弱的知识。教师此时可以结合学生的学业分析报告，有针对性地对学生进行个性化的辅导，解决其薄弱的知识，这样大大地提高了辅导的精准度，既能节省时间，又能让学生更好地进行深度学习，最后全方位地提升教学效果。

总之，按照"1+3"学习模式上课，虽然多花了点时间，但我觉得非常值得。因为它唤起了学生的求知欲，让他们兴趣盎然地参与到教学过程中来，师生互动，师生和谐，激发了学生的参与兴致与活力，引导他们学会发现问题、寻找问题，然后想办法解决问题，提升了学生的学习能力，课堂效果好，也培养了学生的核心素养，我非常享受我的课堂。

📇 **参考文献**

［1］陈德保.请还原"教"的本原［J］.教学与管理，2018（10）：84.

［2］冯克诚.智力·智能·多元智能及智育［M］.北京：学苑音像出版社，2004.

［3］周媛媛.浅议小班化教学［J］.教育教学论坛，2019（1）：204–205.

［4］万如锴，曹桂能.“走班式”教学模式在化学专题复习中的应用［J］.
中学化学教学参考，2008（4）：45-46.

［5］朱玉山，李艳平.以网络资源为辅助的英语短期强化听力教学模式初
探［J］.外语电化教学，2006（4）：71-74+80.

［6］闫素梅.“先学后教，当堂训练”：个性化教学课堂初探［J］.中国校
外教育，2014（20）：75.

［7］王振平.高中化学教学中提高学生合作学习效果研究［D］.河南：河
南师范大学，2015.

［8］韩玮，程琦.“学习金字塔理论”在高校教学模式改革实践中的可行性
分析［J］.科技与创新，2015（7）：110-111.

［9］秦然.“导学案”为载体的高中物理习题课自主学习研究［D］.济南：
山东师范大学，2013.

［10］孔宪遂.试论建构主义理论对教学的启示［J］.清华大学教育研究，
2002（s1）：128-133.

［11］胡先锦，胡天保.基于发展学科核心素养的高中化学教学实践与思考
［J］.中学化学教学参考，2016（4）：4-7.

在课堂教学中如何提问互动

一、问题的提出

提问是教师在课堂教学的常用技能之一，课堂提问是教师和学生通过话语进行交流互动的教学方式。课堂的有效提问关系课堂教学效果，而教师提问水平的高低与课堂问题设计密切相关，课堂问题的设计需要教师在课前做好充分的准备。李志厚将课堂提问分为"有效提问""低效提问"和"无效提问"，并提出，进行有效提问需要与学生原有知识相联系，对学生的回应给予适当的评价和引导，进一步引发学生思考，促进其思维发展。鲁志鲲提出教师课堂提问的目的、所提问题类型与水平、学生对问题的反馈等会影响提问的有效性。另外许多研究证明了课堂提问与学生的课堂表现、学业成就正相关。如何在课堂中进行有效提问对于教学非常重要。本文旨在探讨"1+3"学习模式下的化学课堂如何进行有效提问，如何利用"师助"提高学习效率。主要从课前、课中、课后三个方面，结合课程标准、考试大纲、教学经验、学情等实际情况探讨进行有效提问的策略。

二、课前有效提问策略

1. 根据课程标准、考试大纲提问

研读课程标准和考试大纲，不仅能把握高考风向标，更重要的是落实化学学科核心素养在日常教学中的渗透。以《化学》（人教版）必修2《甲烷》为例，新课标中关于"甲烷"一课的要求为"了解甲烷的主要性质及分子结构特点，认识化石燃料综合利用的意义，了解有机化合物中碳的成键特征。通过典

型实验的分析，了解有机化合物存在同分异构现象，能判断简单有机化合物的同分异构体。建议通过模型拼插或动画模拟建立有机化合物分子结构的直观认识。"就成键特征这一点，课堂提问可以结合化学键的相关内容切入：①甲烷中有何种化学键？②丁烷中的碳原子有多少个键？氢原子有多少个键？推出什么结论？

2. 根据学生预习提问

课前学生都会结合教材和教辅资料进行一定程度的预习，因此，学情将发生细微的变化，教师需要通过检查预习情况来重新掌握学情，方能更客观地备课以及进行课堂设计。学生预习到什么程度？有什么疑惑？在哪些地方普遍存在理解困惑？这些便是教师在课堂上需要重点突破的地方。例如在教授《化学》（人教版）必修2《甲烷》一课时，学生通过预习知道了甲烷是正四面体结构，但是他们既没有学过正四面体的特点，也没有接触过球棍模型，从而无法清晰想象甲烷的空间构型，也很难理解键长、键角等新概念。因此可以在课堂中设计连串提问：①甲烷中存在何种化学键？②这四个碳氢极性共价键是否有区别？给出理由；③甲烷发生二氯取代反应，产物是否存在同分异构体？通过连串提问，学生可以分析得出甲烷中的化学键是完全相同的，然后就很好地理解了键长、键角等概念，进而全面深刻理解正四面体为何物。

3. 根据教学经验提问

教学经验是每位教师诊断并推动课堂最好的依据。以《化学》（人教版）必修2《甲烷》为例，根据教学经验，学生写出甲烷分子的结构式之后，会理所当然地认为甲烷分子是键角为90°的平面构型，因此，如何抓住这一点提问才能引起学生的认知冲突并助其重建合理的甲烷分子模型，需要教师提前设计提问。首先可以提问："结构式是不是就代表分子在空间中的真实构型？"这个问题估计很多同学的答案是肯定的。紧接着写出多种分子的结构式并提问："这么多物质难道都是平面的吗？"通过这一提问，学生开始感觉到如此庞大的有机物体系不可能都是平面构型。再进行提问："甲烷分子的二氯取代物只有一种，能否说明甲烷不是平面构型？"这一问题稍有难度，将会引起学生小组讨论，在教师的点拨下，再结合球棍模型，学生可以理解正四面体的精髓，掌握甲烷分子的空间构型这一重难点。

4. 根据教学重难点提问

教学内容千千万，课时却只有40分钟，因此教师应着重把握重难点展开设计，简单的、可由旧知识迅速迁移而得的内容可以由学生通过预习自主掌握，如此才能提高课堂效率和教学效果。依旧以《化学》（人教版）必修2《甲烷》为例，本节课处于有机物学习的开篇，简单却重要。甲烷的空间构型、分子结构等知识是从前学习无机物时没有提及的概念，属于理解难点，而甲烷的化学性质将代表烷烃的化学性质，因此是本节课的重点。甲烷的物理性质比较简单，也是初中学习过的旧知识，因此可以用集体提问的方式一笔带过。涉及重难点的地方，建议进行个别提问或者小组代表发言，给予学生充足的讨论时间和思考深度。这也符合学习金字塔中的"主动学习"。

三、课中有效提问策略

1. 根据学生课堂反应设问

在化学课堂教学中，有时候会出现教师提出问题后，学生久久无法回应的情况。究其原因主要是设问不够精准，因而学生思考时思维受阻，无从回答。在课堂进程中，有部分学生被课前教师预设的问题链牵着鼻子走，根本没有时间消化和思考。如果教师一味坚持将课前预设的问题链进行到底，虽然可以保证教学进度，但是学生到底掌握多少则不得而知了。因此，教师应该注重学生在课堂当中的反应，根据学生的课堂反应设问。以《化学》（人教版）选修5第四章第一节《油脂》为例，在提问关于油脂的定义时，"甘油"是学生所熟知的，但是对"高级脂肪酸"则有些陌生，大部分教师只会解释这是一类酸，学生则似懂非懂，效果不佳。笔者认为教师可以根据学生的实际反应，确定是否需要利用学科之间的相互联系——语文中的拆字法对"高级脂肪酸"这个词组进行进一步提问：①"高级"是什么意思？②"脂肪"是什么意思？③"酸"说明这是什么物质类别？通过这样的精准设问帮助学生将"高级脂肪酸"这一概念理解掌握，免去很多概念方面的困惑。

2. 根据学生在课堂中的生成性问题设问

最理想的课堂便是学生能在教师预设的问题链中举一反三，触类旁通，真正参与到课堂中的思考环节，主动学习。其实，笔者认为只要善于设问并且能够精准根据学生在课堂中的生成性问题设问，便可以利用这种良性反馈训练学生学习的方法、技巧与思路，培养学生良好的学习习惯，从而提高学生的学习能力。例如在《化学》（人教版）必修1第三章第三节《铁的化合物》教学过程中，教师让学生利用现有试剂（新制氯水、KSCN溶液）检验溶液中的亚铁离子。学生在实验的过程中，出现了两种实验方案：一种是往溶液中先加氯水再加KSCN溶液，另外一种是往溶液中先加KSCN溶液再加氯水。此时，如果单靠教师评判将会失去让学生表达自己想法的机会。因此教师可以针对这个课堂中的生成性问题设问：到底哪种方案是正确的呢？理由是什么？通过这样的引申设问让学生结合自己的实验方案进行展示，并在思辨中得出正确的答案，比教师单方面灌输的效果好得多。

这也从另外一个方面说明，教师在课堂上绝不能仅根据自己的教案照搬照教，而应该以观察为主，敏锐地捕捉学生的反应和生成性问题，迅速对设问做出调整，形成课堂上的良性反馈，这才是一名教师真正的基本功。

四、课后有效提问策略

1. 根据学生作业情况统计设问

学生的作业情况对于教师来说是很珍贵的学习反馈资料。在我校"1+3"学习模式的推动下，我们将每天的作业量控制在一面A4纸内，在保证题目质量的同时，让学生不至于疲于应付诸多题目而对学科失去信心与兴趣。通过对学生作业情况的初步统计，教师针对错题设问，帮助学生巩固易错点。例如很多学生都认为"乙酸乙酯在碱性条件下的水解反应即皂化反应"是正确的，教师则可以利用该点设问：你觉得皂化反应的定义中最重要的字眼是什么？从而引导学生标记出"油脂"这两个关键字。再如很多学生在书写酯化反应时都经常性地忘记写产物"水"，教师则可以在隔天新课前回顾中通过设问"你觉得酯化反应方程式书写中最容易被忽视的是什么？"帮助学生尽快校正。

2. 根据学生考试情况统计设问

考试是衡量学生阶段性学习效果的手段，这样的数据对于教师来说作用也十分大，教师也应该善于从这些数据中发现学生的问题，并且进行对应的设问。例如，某次期中考试中某题（表1）和某班答此题的数据（表2）如下：

原题：下表中，陈述1、2均正确且两者间具有因果关系的是（　　　）。

表1　判断陈述1、2之间的关系

选项	陈述1	陈述2
A	苯不能使酸性高锰酸钾溶液褪色；甲苯能使酸性高锰酸钾溶液褪色	甲苯中甲基能使苯环性质变活泼
B	乙烯和苯都能使溴水褪色	属于同一反应类型
C	等物质的量的CH_2=C（CH_3）CH=CH_2和溴单质在一定条件下发生加成反应，可生成3种有机物	CH_2=C（CH_3）CH=CH_2可发生1，2-加成反应和1，4-加成反应
D	溴乙烷中加入NaOH溶液共热，冷却后滴入$AgNO_3$溶液，有沉淀生成	溴乙烷在碱性条件下能水解出Br^-

表2　学生考试情况统计表

满分值	实考人数	平均分	正确答案	选A率	选B率	选C率	选D率
2	51	0.7843	C	45.10%	1.96%	39.22%	13.2%

由数据可知，学生普遍错选A项，主要是因为没能从本质上分析有机物基团之间相互影响的因果关系，故教师可以根据这个易错点设问：如何辨别有机物基团之间相互影响的因果关系是否正确？选对的同学有什么方法与技巧可以分享吗？让学生尝试将自己能理解的方法讲述出来，也许会收获不一样的教学效果，毕竟学生之间的语言是相通的。

五、总结

在"1+3"学习模式下的课堂设问要求教师不能忽视学生的主体作用，只有有效地设问才能引导学生去探索，通过自身的积极努力，获得知识，并在潜移默化中增强学生的问题意识，逐渐养成善于思考的习惯与能力。教师除了在课前要充分准备，课中也应该善于观察与捕捉学生的反应，课后更要及时反馈，才能做到精准设问，开发学生的学习潜能。

参考文献

［1］南京师范大学教育学系.教育学［M］.北京：人民教育出版社，1984.

［2］高潇怡，毛巧利.从实证主义到社会建构主义：科学教师课堂提问行为研究范式的转换［J］.外国教育研究，2013（12）：12–18.

［3］李志厚.通过有效提问，促进学生思维发展［J］.教育导刊，2004（9）：41–43.

［4］古征峰，方均斌.高中生的数学提问意识与学业成绩的相关性研究［J］.数学通报，2013，52（10）：18–21+27.

［5］中华人民共和国教育部.普通高中化学课程标准（2017年版）［M］.北京：人民教育出版社，2018.

［6］赵宗群.浅谈新课程高中化学课堂教学中如何有效设问［J］.中学化学教学参考，2016（24）：31.

［7］张杰."设问"在化学课堂教学中的运用［J］.化学教与学，2010（12）：42–43.

［8］张发新.化学课堂设问的几个误区［J］.化学教育，2007（5）：28–29+63.

基于"1+3"学习模式高三化学实验复习的教学

——以"中学常见仪器液体体积读数误差分析"的教学为例

一、问题的提出

实验活动是化学的核心内容之一，如何提高学生的化学实验复习效率，突破实验知识难点，对高三化学复习尤为重要。《普通高中化学课程标准（2017年版）》指出要开展以化学实验为主的多种探究活动。要求学生了解中学常用实验仪器的主要用途和使用方法，但是仪器液体体积读数误差分析是常见的易错点，传统"满堂灌"的教学模式在某些实验复习课中效果不明显，课堂效率低下，因此本研究以"中学常见仪器液体体积读数误差分析"为教学案例，探讨"1+3"学习模式在高三化学实验复习中的应用。

"中学常见仪器液体体积读数误差分析"内容属于高三化学实验复习课，是高考中的重点和难点，同时也是学生感到较混乱的实验知识，中学阶段考查的主要仪器是量筒、容量瓶和酸（碱）式滴定管。牟文举采用情景化的方式分析仰视和俯视产生的误差；肖修锋等认为作图是分析由仰视和俯视产生的玻璃仪器读数误差的"万能钥匙"。关于"中学常见仪器液体体积读数误差分析"的常规教学，中学教师的处理方式常常有两种：一是教师认为此内容非常简单而不加以重视，例如认为在初中已经学习过量筒读数，因而没有安排相关的专题复习，只是以题讲题，讲练结合；二是一些教师对这三种仪器做了专门的复习，将三种仪器分开讲，而没有放在一起对比复习。

如果采用第二种处理方式进行"中学常见仪器液体体积读数误差分析"

教学，即使后面有相应的习题训练，学生的学业成绩也依旧不好。究其原因，发现很多学生在学完这几种仪器后分析它们读数误差的思路特别混乱。为什么学生对常见仪器液体体积读数误差分析的思路这么"乱"呢？主要是因为学生存在三大困惑：①几种仪器本身结构的差异，导致学生分析起来有些"乱"；②对于溶液的体积是已知还是未知的，其读数过程的差异也会导致学生分析读数误差有些"乱"；③本课是在学生学完量筒、容量瓶和酸（碱）式滴定管的正确使用之后而进行的，属于知识归纳整合，化学实验的评价需要一定的思维和分析能力，一些学生分析起来有些"乱"。

二、中学常见仪器液体体积读数误差分析三大困惑

在中学的实验仪器教学中，如果将仪器结构直接呈现给学生，让学生记忆和理解，学生掌握的情况往往不理想。本文主要利用三种仪器，营造真实的实验情景，引导学生通过自助、互助、师助三种方式解决问题。

1. 如何正确认识量筒、容量瓶和酸（碱）式滴定管仪器本身结构的差异？

课前准备：教师给每一个小组准备三种仪器和水。

问题：三种仪器刻度上有什么差异？

自助：学生观察三种仪器，独立思考，寻找它们的不同之处。

互助：小组同学互相交流，总结它们的不同之处：①容量瓶只有一条刻度线；②量筒刻度线从下到上逐渐变大，而且没有零刻度线；③酸（碱）式滴定管刻度线从下到上逐渐变小，零刻度线在最上面，而且下面部分没有刻度线。

师助：将三种仪器通过显示屏展示出来。

分析：通过教学尝试，每一个同学甚至每一个小组，或许不能将上面三点总结出来，但全班同学最后肯定会总结出来，这是全班同学共同观察出来的结果，比教师口头讲仪器的结构效果会好，为了让同学们加深印象，还进行了师助这个环节。

2. 对于溶液的体积是已知还是未知的，读数过程是否一样？

问题1：如果用量筒量取5.0mL蒸馏水，眼睛先看着5.0mL刻度线处还是先盯着凹液面最低处？

互助：小组同学共同演示、观察，然后思考、讨论。

问题2： 请在量筒里随意倒入一些蒸馏水，读出它的体积时，眼睛先看着5.0mL刻度线处还是先盯着凹液面最低处？

互助：小组同学共同演示、观察，然后思考、讨论。

问题3： 用量筒量取5.0mL蒸馏水和读出量筒内水的体积时水的体积有什么不一样？

互助：小组同学讨论，得出结论，水的体积一个是已知的，一个是未知的。

问题4： 对于溶液的体积是已知还是未知的，读数过程是否一样？如果不一样，哪里不一样？

自助：独立思考得出结论，若溶液的体积已知（取溶液）眼睛先盯着刻度线处，若溶液的体积未知（读取溶液体积）眼睛先盯着凹液面最低处。

师助：通过PPT展示量筒、容量瓶和酸（碱）式滴定管三种仪器如何正确读数。

（1）量筒。

① 如图1所示，液体体积已知，正确用量筒量取定量液体体积（眼睛先盯住刻度线）。

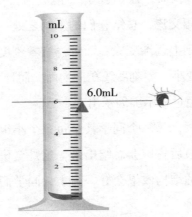

图1　体积已知时量筒读数方法

② 如图2所示，液体体积未知，正确读取下面量筒液体体积（眼睛盯住凹液面的最低处）。

图2　体积未知时量筒读数方法

（2）容量瓶。

如图3所示，液体体积已知，用250mL容量瓶配制0.1mol/L的NaOH溶液。

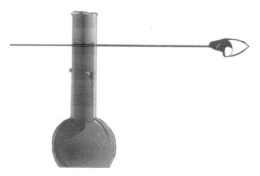

图3　液体体积已知时容量瓶读数方法

方法：眼睛盯住刻度，然后加液体使凹液面最低处与刻度线相平。

（3）酸（碱）式滴定管。

① 如图4所示，液体体积已知，用酸式滴定管取1.00mL稀盐酸（眼睛先盯住刻度线）。

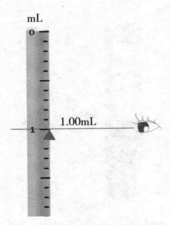

图4　液体体积已知时酸式滴定管读数方法

② 如图5所示，液体体积未知，正确读出下面酸式滴定管液面的读数（眼睛先盯住凹液面的最低处）。

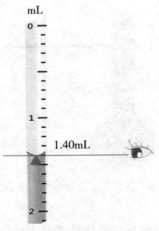

图5　液体体积未知时酸式滴定管读数方法

3. 量筒、容量瓶和酸（碱）式滴定管三种仪器液体体积读数误差如何分析？

问题1： 正确读数时，视线应该与液体凹液面的最低处保持水平，然而平时读数时视线可能会出现仰视或俯视的情况，这样读数会导致液体的体积偏大还是偏小呢？

师助： 不管是量筒、容量瓶还是酸（碱）式滴定管，只分液体体积是已知和未知两种情况。如果液体体积是已知的，眼睛盯住刻度线，然后使液体的凹液面最低处与刻度线相平；如果液体体积是未知的，眼睛先盯住液体凹液面的最低处，然后平视凹液面的最低处与刻度线相平，这样就可以轻松读出液体体积。

问题2：在读取量筒液体的体积时，如果仰视读数结果会有什么影响？

师助：误差分析步骤如图6所示。

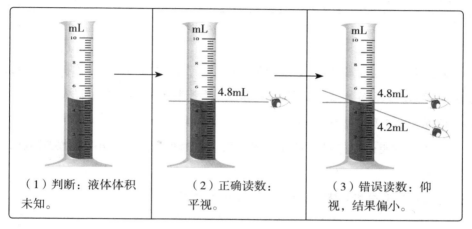

（1）判断：液体体积未知。　　（2）正确读数：平视。　　（3）错误读数：仰视，结果偏小。

图6　量筒读数误差分析步骤

自助：独立思考理解教师讲解的误差分析步骤。

互助：对于一些不明白或者有疑惑的地方主动提出，小组内知道的同学帮忙解决问题。

问题3：用250mL容量瓶配制0.1mol/L的NaOH溶液，定容时如果俯视，最后液体体积会怎样？

自助：学生独立思考分析。

互助：不能正确分析或者有疑惑的同学主动提出问题，小组内知道的同学帮忙解决。

师助：误差分析步骤如图7所示。（画龙点睛）

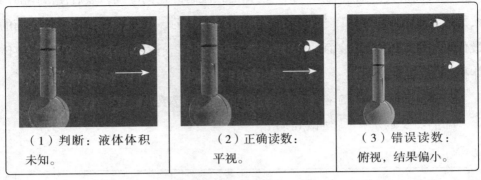

（1）判断：液体体积
未知。

（2）正确读数：
平视。

（3）错误读数：
俯视，结果偏小。

图7 容量瓶读数误差分析步骤

问题4：用标准盐酸滴定未知浓度的氢氧化钠溶液（氢氧化钠放于锥形瓶中），如果读数滴定前俯视，滴定后仰视，标准盐酸的体积会怎样？

自助：学生独立思考分析。

互助：不能正确分析或者有疑惑的同学主动提出问题，小组内知道的同学帮忙解决。

师助：误差分析步骤如图8所示。（画龙点睛）

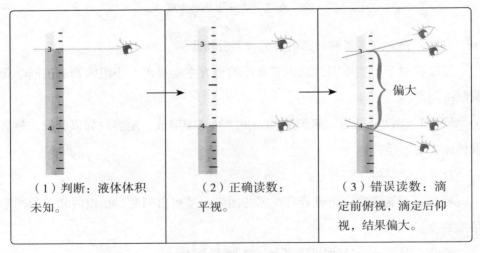

（1）判断：液体体积
未知。

（2）正确读数：
平视。

（3）错误读数：滴
定前俯视，滴定后仰
视，结果偏大。

偏大

图8 酸式滴定管读数误差分析步骤

反馈练习：请同学们在下面空格处填"偏大""偏小"或"无影响"。

（1）用量筒量取10.0mL HCl溶液，读数时俯视，所取HCl溶液体积会_____。

（2）用250mL的容量瓶配制0.5mol/L的NaCl溶液，读数时俯视，NaCl溶液的浓度会_____。

（3）用标准氢氧化钠溶液滴定未知浓度的盐酸溶液（盐酸溶液放于锥形瓶中），如果滴定前读数平视，滴定后俯视，测量盐酸溶液的浓度会_____。

三、总结与反思

学生对于中学常见仪器液体体积读数误差分析的相关知识很混乱，在传统的课堂上，教师通过画图、讲解和大量练习，费时费力，收效却还是不好。本文的教学过程是根据自己创设的"1+3"学习模式所设计的，效果明显，学生喜欢，教师享受。

📂 参考文献

［1］姜晶晶.基于化学实验进行素养为本的教学：以"盐类水解"复习课为例［J］.化学教与学，2019（12）：81-84.

［2］中华人民共和国教育部.普通高中化学课程标准（2017年版）［M］.北京：人民教育出版社，2018.

［3］牟文举.中学化学教学中的情景化教学：以"分析仰视或俯视读数的误差"为例［J］.中学化学教学参考，2018（18）：56-57.

［4］肖修锋，符昕.常见玻璃量器读数偏差分析［J］.教学仪器与实验，2015，31（6）：26-27.

基于自主学习谈等效平衡规律课的教学

一、问题的提出

2003年颁布的《普通高中化学课程标准（实验）》中提出，了解化学科学发展的主要线索，理解基本的化学概念和原理，认识化学现象的本质，理解化学变化的基本规律，形成有关化学科学的基本观念。

化学平衡是高中阶段重要的化学基础理论知识之一，也是个难点，学生在解决较为复杂的平衡问题时，往往感到困难，甚至束手无策，究其原因，学生难以理解和应用平衡的"等效关系"，所以说"等效平衡"的规律知识是高中化学难点之一。

现在有关等效平衡的论文也较多，归纳起来主要为等效平衡的解题方法与技巧、应用，等效平衡思想的生成，等效平衡的判断方法等。笔者在等效平衡的难点突破上也有研究，但从学生自主学习的角度研究得较少。

课堂教学中，"等效平衡"这一规律课知识的理论性太强，不但抽象，而且综合性强，学生难以理解。主要难点：①如何理解等效的平衡概念，各同种物质的含量相同；②如何帮助学生克服学习等效平衡的心理障碍；③等效平衡的解题方法与技巧。笔者在多年的教学中，体会很深，在前几年的教学中，为了将该知识讲好，查了不少资料，也尝试了知识讲授、讲练结合、问题探究等方法，但无论是讲授新课还是高三复习课，效果还是不明显，学生也听得一头雾水，后来访谈了一些学生了解到，教师认为容易的等效平衡的概念，学生可能觉得不容易，教师认为好理解的等效平衡的三种类型，学生可能觉得不好理解。这就涉及教学的有效性，教师哪怕将知识讲得天花乱坠，学生不明白，就等于没讲。《国家中长期教育改革的发展规划纲要（2010—2020年）》指出："要以学生为主体，教师为主导，充分发挥学生的主动性"，所以，后来我教学"等效平衡"这一规律课时，基于学生自主学习的角度设计教学，将等效平衡的概念和判断方法讲清、讲透，同时抓好针对性训练，可想而知，效果也是非常明显的。下面笔者就从学生的角度，基于自主学习谈谈"等效平衡规律课"的教学。

二、关于自主学习

自主学习是与传统的接受学习相对应的一种现代化学习方式。顾名思义，自主学习是以学生为学习主体，通过学生独立地分析、探索、实践、质疑、创造等方法来实现学习目标。关于《基础教育课程改革纲要（试行）》的精神，我们可以这样理解，是要改变过去的那种"过于强调接受学习"的倾向，而不是完全否定接受式的学习方式，更要倡导学生学会自主学习的方式。20世纪以来，自主学习越来越引起学科教育研究领域学者的重视。有人甚至主张培养自主学习者是教育的根本目标（Water House，1990）。最早明确提倡自主学习主张的是美国等发达国家，他们在70年代时提出自主学习，主要有两个原因：一是人本主义心理学的影响，人本主义心理学强调人本身的情感和需要；二是学科教育研究对象和方法的转变。

三、研究方法

化学平衡是高中阶段重要的化学基础理论知识之一，而等效平衡是其中的一项重要内容，该块内容能否学好决定学生能否解决复杂的平衡问题。等效平衡是学生学习高二化学的一个重点，也是一个难点。

笔者在进行"等效平衡规律课"教学前采用了调查访谈法。访谈对象分为三部分：第一部分是我校25个化学教师和其他兄弟学校的部分化学教师；第二部分是已学过"等效平衡"的我校高三学生；第三部分是还没有学习等效平衡的高二学生。访谈结果如下：教师普遍感觉这部分内容难教，课堂气氛沉闷，无论是采用讲练结合法，问题探究法还是知识讲授法，教学效果都不好；已学过的高三学生普遍感觉没有弄懂等效平衡的真正含义，等效平衡的概念不好理解，不知道什么情况下算等效，不会灵活运用规律，只能生搬硬套，连自己都不确定是正确的还是不正确的；还没有学"等效平衡"的高二学生普遍觉得恐惧，听师兄师姐说这块内容很难学。

在教育方法的研究停滞不前的情况下，一部分人认识到，既然研究教师"如何教"不能取得进展，为什么不研究学习者"如何学"呢？不同的学习者有不同的学习需要；同一个学习者在不同的学习阶段也有不同的需要，因此，"一刀切"的教学内容和教学方法很显然不符合学习的客观规律。解决这一问题的途径之一就是自主学习。

针对这种情况，采用实验法研究自主学习的教学方法。在高二化学教师的配合下，进行平行班对比教学，学校高二年级共6个理科班，为减少影响实验结果的干扰因素，重点班高二（4）班不参与，确定高二（1）班、高二（2）班共2个班为实验班级，进行自主学习，其他3个班作为对照组按照讲练结合进行教学。

四、等效平衡的教学设计

在本节的教学中，笔者采用了引导自学—适当点拨—组织讨论—自主归纳—重点讲解—自主测试—自我挑战—反思小结这种自主学习的方式。首先引导自学是就等效平衡的概念分小组让学生查找资料并整理，每组选派一名代表展示，使同学们对等效平衡有一个初步认识。然后老师通过三组具体的实验数据适当点拨，具体分析，让学生明白等效平衡的概念，轻松找到等效平衡的实质是同种物质的物质的量浓度相同。对等效平衡的两种判断方法组织讨论：学生在讨论中发现极限转化法用通俗易懂的一边归零或一边倒来理解更容易弄明白；模型转换法比较抽象，在讨论中笔者提示同学们借助图示处理，学生豁然开朗。对等效平衡的三种类型的应用，教师分类型精选习题，重点讲解，重点分析解题思路和方法，如：①判断是否等效平衡：关键词为"A的含量仍为w"；②判断符合哪种类型：关键词为"一定温度下保持压强相等"。这时，利用题目条件原状态的A和B的物质的量的比为1∶2，所以只需要把上面四种状态的所有物质转化成A和B，若物质的量的比也是1：2，则为等效，这样，问题就迎刃而解了。然后自主测试，进行有针对性的训练。处理等效平衡规律时采用"小结—整理—讨论—创新"的方式，"创新"后的规律由三点变为两点，也变得通俗易懂。自主归纳还编成口诀："等压比相等，等容量相等，但若系（气体系数）不变，可为比相等。"最后反思小结，原来等效平衡也不难，学生对等效平衡的心理障碍消除了，做题的信心也上来了。

五、等效平衡的教学案例

1. 引导自学：认识等效平衡

学生分小组查阅资料并整理。

教师提问：查阅资料了解等效平衡是什么？

整理结果如下：

化学平衡状态的建立与途径无关，对于一个可逆反应，无论起始只有反应物或生成物，还是反应物生成物都有，只要满足一定条件，均可建立等效平衡。所谓"等效平衡"就是指效果相同的平衡，可逆反应从两个不同的起始状态开始，达到平衡时两个体系中对应组分的百分含量（体积分数或物质的量分数）均相同，这两个平衡互称为等效平衡。若两平衡体系完全相同（平衡时各组分不仅百分含量相同，物质的量浓度及反应速率也相同），又称等同平衡。

对概念的理解应把握以下几点：

（1）外界条件相同：①恒温、恒容；②恒温、恒压。

（2）"等效平衡"与"完全相同的平衡状态"不同："完全相同的平衡状态"是指在达到平衡状态时，任何组分的物质的量分数（或体积分数）对应相等，并且反应的速率、各组分的物质的量浓度等也相同。而"等效平衡"只要求平衡混合物中各组分的物质的量分数（或体积分数）对应相同，反应的速率、压强等可以不同。

（3）平衡状态只与始态有关，而与途径无关（①无论反应从正反应方向开始，还是从逆反应方向开始；②无论投料是一次还是分成几次；③无论反应容器是经过扩大—缩小的过程，还是经过缩小—扩大的过程），只要起始浓度相当，就达到相同的平衡状态。

一般认为在以下三种情况下可逆反应可达到等效平衡。

（1）在定温、定容时，对于所有的可逆反应，若起始加入情况不同，但转化为反应方程式同一边物质后对应物质的物质的量均相同，则可达到等效平衡。

（2）在定温、定压时，对于所有的可逆反应，若起始加入的量不同，但转化为反应方程式同一边物质后各物质的物质的量成正比，则可达到等效平衡。

（3）在定温、定容时，对于反应前后气体分子数相等的反应，若起始加入情况不同，但转化为反应方程式同一边物质后各物质的物质的量成正比，则可达到等效平衡。

通过这种方式让学生主动查阅资料，合作完成某一项任务，这样培养了学生学会学习、合作学习的能力。

2. 适当点拨：理解等效平衡概念

等效平衡概念：在一定条件（定温、定压或定温、定容）下，对于同一可逆反应，只要起始时加入物质的物质的量不同，而达到平衡时，同种物质的物质的量分数（或体积分数）相同，这样的平衡称为等效平衡。

这个概念在教师看来不难理解，事实也如此，但很多学生就是不明白"等效"的意思，而这点往往被教师忽视，学生再学后面的知识，就跟不上了，所以，在这里教师必须适当点拨，笔者通过下面的一个例题说明。

在反应 $2SO_2+O_2 \underset{加热}{\overset{催化剂}{\rightleftharpoons}} 2SO_3$ 中，有三组实验，见表1。

表1 SO_2、O_2、SO_3开始的物质的量与平衡时物质的量分数的关系

序号	SO_2开始的物质的量	O_2开始的物质的量	SO_3开始的物质的量	SO_2、O_2和SO_3平衡时的物质的量分数
1	2mol	1mol	0	
2	0	0	2mol	SO_2为$a\%$，O_2为$b\%$，SO_3为$c\%$
3	1mol	0.5mol	1mol	

学生思考：

（1）三组实验，虽然起始的物质的量不一样，但最终平衡的状态一样吗？

（2）三组实验，虽然起始的物质的量不一样，但它们之间有什么关系？

经过这个例题的分析，使抽象的知识具体化、形象化，学生对概念的困惑也就没有了，轻松找到等效平衡的实质，即同种物质的物质的量分数相同。

3. 组织讨论：判断并处理等效平衡

学生讨论：等效平衡判断方法。

（1）极限转化法：按照反应方程式的计量数之比转化到同一边的量，与题干所给起始投料情况比较。

学生在讨论中发现，极限转化法即一边归零法（一边倒），更容易理解。

（2）模型转换法——教师在学生讨论的基础上提示。

探究一：如表2所示，恒温、恒容（$\Delta n(g) \neq 0$）条件下，等效平衡建立的条件是什么？

表2　恒温、恒容（$\Delta n(g) \neq 0$）条件下不同的投料途径

投料起始途径	$2SO_2(g) + O_2(g) \rightleftharpoons 2SO_3(g)$		
途径1	2mol	1mol	0
途径2	0	0	2mol
途径3	4mol	2mol	0

讨论：途径3与途径1是否等效？

提示：用图示处理更容易理解，如图1所示。

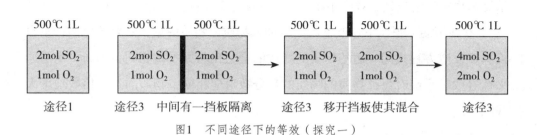

图1　不同途径下的等效（探究一）

探究二：如表3所示，恒温、恒压（$\Delta n(g) \neq 0$）条件下，等效平衡建立的条件是什么？

表3　恒温、恒压（Δn（g）$\neq 0$）条件下不同的投料途径

投料起始途径	2SO₂（g）+O₂（g）⇌2SO₃（g）		
途径1	2mol	1mol	0
途径3	4mol	2mol	0
途径4	2mol	1mol	1mol

讨论：已知途径3与途径1等效，你能解释吗？

提示：用图示处理更容易理解，如图2所示。

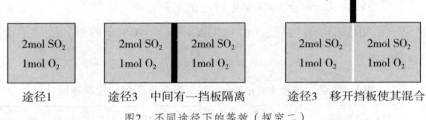

途径1　　　　途径3　中间有一挡板隔离　　　途径3　移开挡板使其混合

图2　不同途径下的等效（探究二）

4. 自主归纳等效平衡规律

教师提问：独立查阅资料了解等效平衡的规律有哪些？

某同学回答——等效平衡规律有三种：

① 无论在恒温、恒压或恒温、恒容下，只要起始加入物质的物质的量转化成同一边的物质，各物质的物质的量相同，则平衡时，每种物质的物质的量、浓度和物质的量分数都对应相同，即两平衡完全相同，是等同平衡。

② 在恒温、恒压下，改变起始时加入物质的物质的量，只要按化学计量数换算成反应方程式同一边的物质的物质的量之比与原平衡相同，则新平衡与原平衡等效。平衡时每种物质的物质的量分数对应相同，物质的量等倍数地增大或减小。

③ 在恒温、恒容下，第一，对于反应前后气体分子数不变的可逆反应，只要反应物（或生成物）的物质的量的比值与原平衡相同，两平衡等效。平衡时每种物质的物质的量分数对应相同，各物质的量等倍数地增大或减小。第二，对于反应前后气体分子数不相等的可逆反应，只改变起始时加入物质的物质的

量，如通过化学计量数换算成反应方程式同一边的物质的物质的量与原平衡相同，则两平衡等同。

通过师生问答，进一步培养学生学会学习和独立学习的能力。

5. 重点讲解等效平衡的应用

教师分类型精选习题，重点讲解解题思路和方法。

（1）恒温恒压。

例题1： 在一定温度下保持压强相等的密闭容器中，充入1mol A、2mol B发生A（g）+B（g）⇌2C（g）+D（g），达到平衡时A的物质的量分数为w，下列物质组合充入该容器中，A的物质的量分数仍为w的是（　　　）。

A. 2mol C+1mol D

B. 1mol B+2mol C+1mol D

C. 1mol A+1mol B

D. 1mol A+4mol B+4mol C+2mol D

（2）恒温恒容。

① 反应前后气体计量数之和不相等。

例题2： 某温度下，向某密闭容器中加入1mol N_2和3mol H_2使之反应合成NH_3，平衡后测得NH_3的体积分数为m；若温度不变，只改变起始加入量，使之反应平衡后NH_3的体积分数仍为m。假设N_2、H_2、NH_3的加入量（单位：mol），分别用x、y、z表示，当温度、体积恒定时：

a. 若$x=0$，$y=0$，则$z=$＿＿＿＿＿＿。

b. 若$x=0.75$，$y=2.25$，则$z=$＿＿＿＿＿＿。

c. x、y、z满足的一般条件是＿＿＿＿＿＿，＿＿＿＿＿＿。

分析： 通过化学方程式中的计量数，换算成同一边物质（反应物一边或生成物一边），各反应物或生成物的物质的量相同。

② 反应前后气体计量数之和相等。

学生通过本节课的学习，对于恒温、恒容条件下等效平衡第一种情况的掌握应该没问题了，下面怎样过渡到第二种情况？如何进一步激发学生的求知欲和兴趣呢？我是通过一个学生非常熟悉的反应来进行的：

组织学生观察反应H_2（g）+I_2（g）⇌2HI（g），让学生思考：

第一，该反应如果在恒温、恒容下等效平衡，能否说它也是恒温、恒压？

第二，用恒温、恒容的原理计算好还是恒温、恒压的原理计算好？

这样一来，再讲恒温、恒容条件下等效平衡第二种情况，学生理解起来就轻松多了，他们觉得好像在复习一样，信心和兴趣也就上来了！通过化学方程式中的计量数，换算成同一边物质（反应物一边或生成物一边），各反应物或生成物的物质的量之比相同，则是等效平衡。

6. 自主测试检测效果

测试1：在一个1L的密闭容器中，加入2mol A和1mol B，发生下述反应：

$$2A（g）+B（g）\rightleftharpoons 3C（g）+D（g）$$

达到平衡时，C的体积分数为$a\%$。维持容器的压强和温度不变，按下列配比作为起始物质，达到平衡后，C的体积分数为$a\%$的是（　　）。

A. 3mol C+1mol D

B. 1mol A+0.5mol B+1.5mol C+0.5mol D

C. 1mol A+0.5mol B+1.5mol C

D. 4mol A+2mol B

测试2：在两个都是1L的密闭容器中，在相同温度下，甲同学加入2mol A和1mol B，乙同学加入3mol C和1mol D，发生下述反应，下列说法不正确的是（　　）。

$$2A（g）+B（g）\rightleftharpoons 3C（g）+D（g）$$

A. 达到平衡时，C的体积分数相等

B. 达到平衡后，C的物质的量浓度相等

C. 达到平衡后，C的物质的量不相等

D. 达到平衡后，C的物质的量相等

测试3：在一个1L的密闭容器中，加入2mol A和6mol B，发生下述反应：

$$A（g）+3B（g）\rightleftharpoons 2C（g）+2D（g）$$

达到平衡时，C的体积分数为$a\%$。维持容器的体积和温度不变，按下列配比作为起始物质，达到平衡后，C的体积分数为$a\%$的是（　　）。

A. 2mol C+2mol D

B. 1mol A+3mol B+2mol C+2mol D

C. 1mol A+3mol B+1.5mol C

D. 1mol A+3mol B

7. 挑战自我拓展延伸

最后，通过下面一些典型试题让学生拓宽思维视野，挑战自我。

练习1：在一恒定容器中充入2mol A和1mol B，发生反应：2A（g）+B（g）$\rightleftharpoons$ xC（g），达到化学平衡以后，C的体积分数为a%。若在恒温、恒容下，按0.6mol A、0.3mol B、1.4mol C为起始物质，达到化学平衡后，C的体积分数仍为a%，则x为（　　　）。

A. 1   B. 2

C. 3   D. 无法确定

分析：这是考查等效平衡知识非常典型的一个题目，需要综合思维，在学生思考之后，教师请会做的同学讲解，其他初学学生都会有眼前一亮的感觉。由于学生刚接触这个知识点，切忌题目太难，否则学生的信心也就没了。

练习2：在一定温度下，把2mol SO_2和1mol O_2通入一定容积的密闭容器中，发生反应：$2SO_2$（g）+O_2（g）$\rightleftharpoons$ $2SO_3$（g），当此反应进行到一定程度时反应混合物就处于化学平衡状态。现在该容器中温度维持不变，令a、b、c分别代表SO_2、O_2、SO_3初始时加入的物质的量（mol），当a、b、c满足什么相互关系时，才能保证达到平衡状态时，反应混合物中三种气体的体积分数仍跟上述平衡完全相同？

分析：通过化学方程式可以看出，这是一个化学反应前后气体分子数不等的可逆反应，在定温、定容下建立的同一化学平衡状态。起始时，无论怎样改变物质的量，使化学反应从正反应开始，或从逆反应开始，或者从正、逆反应同时开始，它们所建立起来的化学平衡状态的效果是完全相同的，即它们之间存在等效平衡关系。我们常采用"等价转换"的方法，分析和解决等效平衡问题。

（1）若a=0，b=0，这说明反应是从逆反应开始，通过化学方程式可以看出，反应从2mol SO_3开始，通过反应的化学计量数之比换算成的物质的量（即等价转换），恰好跟反应从2mol SO_2和1mol O_2的混合物开始是等效的，故c=2。

（2）若$a=0.5$时，由于$a=0.5<2$，这表示反应从正、逆反应同时开始，通过化学方程式可以看出，要使0.5mol SO_2反应需要同时加入0.25mol O_2才能进行，通过反应的化学计量数之比换算成SO_3的物质的量（即等价转换）与从0.5mol SO_3开始是等效的，这时若再加入1.5mol SO_3就与起始时加入2mol SO_3是等效的，通过等价转换可知也与起始时加入2mol SO_2和1mol O_2是等效的。故$b=0.25$，$c=1.5$。

（3）题中要求2mol SO_2和1mol O_2要与$a$mol SO_2、$b$mol O_2和$c$mol SO_3建立等效平衡。由化学方程式可知，$c$mol SO_3等价转换后与$c$mol SO_2等效，即（$a+c$）mol SO_2、（$b+c/2$）mol O_2和与$a$mol SO_2、$b$mol O_2和$c$mol SO_3等效，那么也就是与2mol SO_2和1mol O_2等效。故有$a+c=2$，$b+c/2=1$。

练习3：（广东省高考真题）

（1）恒温、恒压下，在一个容积可变的容器中发生如下反应：

$$A（g）+B（g）\rightleftharpoons C（g）$$

① 若开始时放入1mol A和1mol B，达到平衡后，生成$a$mol C，这时A的物质的量为_____mol。

② 若开始时放入3mol A和3mol B，达到平衡后，生成C的物质的量为_____mol。

③ 若开始时放入x mol A、2mol B和1mol C，达到平衡后，A和C的物质的量分别为y mol和$3a$ mol，则$x=$_____，$y=$_____。平衡时，B的物质的量_____（填编号）。

（甲）大于2mol　　（乙）等于2mol

（丙）小于2mol　　（丁）可能大于、等于或小于2mol

④ 若在③的平衡混合物中再加入3mol C，待再次达到平衡后，C的物质的量分数是_____。

（2）若维持温度不变，在一个与（1）反应前起始体积相同，且容积固定的容器中发生上述反应。

开始时放入1mol A和1mol B，到达平衡后生成b mol C。将b与①小题中的a进行比较_____（填编号）。

（甲）$a>b$　　（乙）$a<b$　　（丙）$a=b$　　（丁）不能比较a和b的大小

作出此判断的理由是_____。

分析：（1）① 由反应A（g）+B（g）$\rightleftharpoons$C（g）知，反应达平衡后，若有a mol C生成，则必有a mol A物质消耗，此时剩余A的物质的量为（$1-a$）mol。

② 在恒温、恒压下，若投放3mol A和3mol B，则反应气体所占有的体积为①中的3倍。由于A、B的投放比例与①相同，故平衡时与①等效，则C的物质的量为$3a$ mol。

③ 由于达到平衡时C的物质的量为$3a$ mol，故此平衡状态与②完全相同。若把C的物质的量完全转化为A和B，A、B的物质的量应与②完全相等。

$$A（g）+B（g）\rightleftharpoons C（g）$$

起始（mol）：　　　　　　x　　　　2　　　　　1

将C转化为A、B（mol）：　$x+1$　　$2+1$　　　　0

平衡时（mol）：　　　　　y　　　$3-3a$　　　$3a$

据题意有$\dfrac{x+1}{2+1}=\dfrac{1}{1}$，解得$x=2$；由$\dfrac{y}{3-3a}=\dfrac{1}{1}$，解得$y=3-3a$。

通过上述计算可知，平衡时B的物质的量为（$3-3a$）mol，由于该反应起始时投放的物质为A、B、C均有，即从中间状态开始达到平衡，故平衡可能向左、向右或不移动，也即$3a$可能大于、小于或等于1（不移动时，$3-3a=2$，$3a=1$），故③中B的物质的量应选（丁）。

④ 在③的平衡中，再加入3mol C，所达到的平衡状态与①②③皆为等效状态，通过①可求出C的物质的量分数为$\dfrac{a\ \text{mol}}{（1-a）\ \text{mol}+（1-a）\ \text{mol}+a\ \text{mol}}=\dfrac{a}{2-a}$，

也就是在③的平衡状态时C的物质的量分数。

（2）因为此时容器的容积不变，而①中容器的容积缩小，题中容器相当于在①的基础上减压，则平衡逆向移动，故反应达到平衡后$a>b$，即应选（甲）。

8. 反思小结，整合规律

"科学精神是指具有终身学习的意识和严谨求实的科学态度，崇尚真理，

形成真理面前人人平等的意识；创新意识能尊重事实和证据，不迷信权威，具有独立思考、敢于质疑和批判的创新精神。"学生有了从查阅资料到适当练习的亲身体验后，应该对等效平衡定义和原理的理解有了自己的想法。

教师提问题：能否将等效平衡规律再精炼一些，整合成自己的规律？（鼓励学生创新）

学生分成小组讨论，班上同学经过小组讨论，得到如下等效平衡规律。

根据条件：

（1）恒温、恒压：相同起始物质的物质的量之比相等。

（2）恒温、恒容：①反应前后气体计量数之和不相等时，相同起始物质的物质的量相等；②反应前后气体计量数之和相等时，相同起始物质的物质的量之比相等。

规律（口诀）：等压比相等，等容量相等，但若系（气体系数）不变，可为比相等。

在讨论过程中，有同学还提出了另一种归纳方法：

（1）起始量的比相等，对应的条件是恒温、恒压或恒温、恒容（反应前后气体计量数之和相等）。

（2）起始量的量相等，对应的条件是恒温、恒容（反应前后气体计量数之和不相等）。

规律：比相等条件是等压或等容系（气体系数）不变；量相等条件是等容系（气体系数）变。

这样，学生通过对知识进行"小结—整理—讨论—创新"，使"创新"后的规律由三点变为两点，还编成口诀，也变得通俗易懂。可喜的是绝大部分学生都能全面、系统地掌握等效平衡规律的知识，虽然等效平衡规律的知识理论性很强，但经这样一处理，难度大大降低，更重要的是还培养了学生自主学习中最核心的创新精神和科学精神。

六、教学效果

等效平衡这一规律方面的知识，理论性比较强，单独靠课堂将知识"灌输"给学生，效果是非常差的，如果我们能站在学生的角度去"唤醒"他们，让他们自主学习，效果就不同了。我校高二年级共6个理科班，参与实验的班级为高二（1）班、高二（2）班共2个班，在第二章测试中，等效平衡试题共占11分，实验班级平均得分为7.9分，非实验班平均得分为7.1分，实验班级没有空白或零分，非实验班级有6个空白或零分。课后访谈时，实验班级大部分学生说学得轻松，通过自主归纳和自我反思小结真正弄懂了等效平衡中等效的含义，以后也不会忘了，教师也觉得课堂气氛活跃，教学比以前轻松多了。

七、结论

通过这次课例的实验，对比以往的教学，自主学习改变了单调枯燥的学习模式，激发了学生学习兴趣，提高了学生的学习积极性，师生都感觉很轻松，教学效果好，同时给教师在概念教学中提供有价值的参考，为学生解决较为复杂的化学平衡问题提供解题思路和方法。

参考文献

［1］隋慧芳."等效平衡"难点突破的探讨［J］.青海师专学报，2006，26（5）：118-119.

［2］李煜.等效平衡与解题技巧［J］.创新科技，2004（3）：51.

［3］林崇德.21世纪学生发展核心素养研究［M］.北京：北京师范大学出版社，2016.

在课堂教学中如何将陈述性知识转变为程序性知识

——关于苯的两个知识的教学尝试

苯通常是无色、带有特殊气味的液体，有毒，不溶于水，密度比水小，熔点为5.5 ℃，沸点为80.1 ℃。

苯的物理性质短短几十个字，说实话，这个知识点真的不难，平时教师们经常采用的教学方式有：①讲述式；②学生自学式；③讲述+检测式等。学完之后，有经验的教师一般还会善意提醒"请同学们背下来，这里的知识经常考"，教师真是用心良苦。

测试1：一支试管中盛放了两种已分层的无色液体。请同学们设计简便的方法，检验出哪一层是水层，哪一层是有机层？

_____。

测试2：在分液漏斗中用一种有机溶剂提取水溶液里的某物质时，静置分层后，请设计一种简便的判断方法，确定哪一层液体是"水层"。

_____。

显然测试1和测试2考查的内容是一样的，无论是测试1还是测试2，学生的得分情况很低，甚至有同学无从下手。

分析：上新课的时候，应该说教师一般讲得很清楚，但真正到考试的时候，很多学生就忘记了，是他们笨还是他们没有背？都不是，关键是教的知识停留在陈述性知识上，学生没有真正理解、悟透，效果当然不是很理想。

笔者针对这个问题，进行了"1+3"学习模式尝试。利用实验临时预设问题，让学生们想办法去解决，教学过程如下：

在组织学生自学《苯的物理性质》时，我是这样做的。

教师实验，学生观察：教师拿一支试管，往里面加一些水（多），然后再往里面加一些苯（少），静置。

问题一：你看到了什么现象？

学生回答：两个都无色且分层。（苯无色，液体，不溶于水）

问题二：请问哪一层是苯？为什么？

学生回答：

答案1：上层，苯的密度比水小。（根据苯的物理性质，一般是教师想要的答案）

答案2：上层，看量多量少。（学生认真观察实验，我也喜欢这个答案）

问题三：如果我在这试管里装另一种有机物，无色，不溶于水，但密度可能比水大也可能比水小，请你用简单的方法鉴别出哪一层是有机层，哪一层是水层？

自助：学生独立思考一下。

互助：学生讨论，回答。

师助：总结，教师点评。

这样上课，虽然多花了一点时间，但我觉得非常值！因为它唤起了学生的求知欲，让他们兴趣盎然地参与到教学过程中来，师生和谐，真正实现教学中的陈述性知识转变为程序性知识，课堂效果自然好，我非常享受我的课堂！

控制变量法在化学探究实验中的应用研究

——以"温度对化学反应速率的影响探究实验"为例

控制变量法是科学探究中重要的思想方法，是进行科学探究和实验探究活动时的常用方法。控制变量法广泛用于中学物理、化学、生物教学中，例如，在物理课程欧姆定律学习中，利用控制变量法探究电流、电压、电阻三者之间的关系；在化学学习中，利用控制变量法探究影响化学反应速率的因素；在生物学习中，利用控制变量法验证"甲状腺激素能够促进蝌蚪的生长发育"等。因此，控制变量法在中学教学中十分重要。利用控制变量法研究自然科学中的物理、化学或生物问题，注重知识的形成过程，有利于扭转学生重结论、轻过程的倾向，有助于培养学生的科学素养与科学思维。

一、控制变量法

1. 控制变量法的基本概念

控制变量法是指为了研究某一物理量与影响它的多个因素中的某个因素之间的关系，将除了这个因素以外的其他因素人为地控制起来，使它们保持不变，再比较、研究该物理量与该因素之间的关系，得出结论，然后再综合起来得出规律的方法。依据控制变量的原理设计对比实验是研究自然科学问题或社会经济问题的常用方法。

控制变量法中的基本概念有自变量、因变量和控制变量，其中自变量是指实验者主动控制从而引起因变量发生变化的因素或者条件，也称为实验变量，如在化学实验探究中的浓度、温度、压强、化学试剂种类等；因变量是指由自变量引起的现象或者结果，如在化学实验探究中的化学反应速率；控制变量是指在实验过程中除自变量外，能够影响因变量的变量，在实验过程中必须加以控制，也称为无关变量。

运用控制变量法设计的实验一般又叫对照实验，通常分为实验组与对照组。在化学实验中，运用控制变量法的对照实验一般可分为以下四种：①空白对照，是指不做任何实验处理的对象组，分为实验组与空白对照组；②自身对照，即在同一对象上进行实验与对照，例如实验处理前后的变化即自身对照，实验处理前的现象或结果是对照组，而实验处理后的现象或结果为实验组；③条件对照，是指给同一对象进行某种实验处理，这种处理具有对照意义；④相互对照，是指设置多个实验组进行相互对照，例如温度对化学反应速率的影响，每个温度下进行一组实验，不同温度下的实验现象进行相互对比。

2. 控制变量法的思维模型

控制变量法应用于具体实验中的思维模型如图1。一般是先明确实验涉及哪些变量，再确定研究变量，选取容易观察到的现象或容易测量的数据作为因变量，确定实验目的，即自变量对因变量的影响；接着设计实验方案，控制无关变量，然后做实验；最后通过分析、总结得出实验结论。

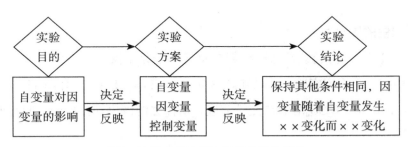

图1　控制变量法解决问题的思维模型

3. 控制变量法在高中化学教学中的应用概况

在高中化学学习中，控制变量的思想是一种非常重要的化学思维方法。这种方法在化学实验探究中常常用到，例如《化学》（人教版）选修4教材中通过实验2-2、2-3和第21页的"科学探究"栏目来研究浓度、温度对化学反应速率的影响，通过实验2-4和第23页的"科学探究"栏目中3个实验来研究催化剂对化学反应速率的影响。这些实验的设计与教学，使学生初步体验到控制变量思想在设计对照实验中的实际应用。

控制变量思想在实验中的应用是培养学生思维的重要途径。在化学教学过程中，只传授书本知识、不注重控制变量法等科学方法培养，或者脱离化学知识大谈控制变量法都是不可取的。方法与知识的有机结合、相互渗透才能促进学生全面发展。目前的教学中，关于控制变量法一般集中于课堂上如何理想化地应用控制变量的思想，或者考试时深入探讨控制变量法在复杂情境化学实验中的灵活运用。所以，学生在运用这一方法来设计实验方案时，常常出错，其主要原因是没有考虑自变量与控制变量的相互影响等。

本文以"温度对化学反应速率的影响探究实验"为例，在分析、研究自变量（温度）与控制变量（淀粉溶液的性质、溶液中碘单质、氧气的浓度）之间关系的基础上，进一步考虑控制变量的影响，设计并优化了温度对化学反应速率的影响这一探究实验的方案，为学生运用控制变量法设计复杂情境下化学探究实验的方案提供了思路。

二、控制变量法在"温度对化学反应速率的影响探究实验"中的运用

1. 问题的提出

在《化学》（人教版）选修4第二章《影响化学反应速率的因素》"科学探究"中有一个探究实验："已知$4H^++4I^-+O_2=2I_2+2H_2O$，现有$1\ mol \cdot L^{-1}$ KI溶液、$0.1\ mol \cdot L^{-1}$ H_2SO_4溶液和淀粉溶液，请探究溶液出现蓝色的时间与温度的关系。"

该实验的原理：碘离子（I^-）在酸性条件下与溶液中的氧气发生如下反应，I^-被氧化成碘单质（I_2）。

$$4H^++4I^-+O_2=2I_2\downarrow+2H_2O$$

生成的碘遇淀粉溶液变蓝。在其他条件相同时，改变反应温度，生成一定量碘单质所需时间不同，出现蓝色的时间越短说明所需时间越短，因此反应速

率越快，从而可通过探究溶液出现蓝色的时间与温度的关系来探究温度对化学反应速率的影响。理论上温度越高，碘离子被氧化成碘单质的反应速率越快，出现蓝色的时间越短。

依据该原理进行探究实验时，采取小组自主探究实验的教学方式，要求选择的自变量为温度，而KI、H_2SO_4和淀粉溶液的用量均由学生自主设计。按照设计的方案将盛有反应液的试管放在不同温度的水浴中进行实验后，不同组学生得出了截然相反的实验结论：①温度高的试管先出现蓝色；②温度低的试管先出现蓝色。按照反应速率理论，应该是温度越高，反应速率越快，溶液越先出现蓝色。但是，为什么有的小组得到的结果却是置于温度低的水浴中的试管先出现蓝色呢？

该探究实验要求学生在相对简单的"浓度对化学反应速率的影响"（实验2-2）基础上，考虑更为复杂的控制变量，从而更进一步地灵活运用控制变量法。不同组学生实验出现相反的结果，说明在实验设计过程中，自变量与控制变量在量的控制上不到位，导致自变量在变化的过程中控制变量并没有保持不变。

运用控制变量法设计实验的关键是，如何在自变量变化时保证控制变量不变。根据控制变量法解决问题的思维模型，本文分别从四个方面进行该探究实验的设计：①寻找实验中的变量；②确定研究的自变量；③控制变量的控制；④因变量的选择。

2. 寻找实验中的变量

影响化学反应速率的因素有温度、浓度、压强及催化剂等。仔细分析该实验，主要的变量有温度、H_2SO_4溶液的浓度、KI溶液的浓度、溶液中氧气的浓度、淀粉溶液的浓度、溶液的颜色等。

3. 确定研究的自变量

该探究实验要求探究溶液出现蓝色的时间与温度的关系，即自变量为温度。那么是否选择任意两个温度进行对比实验就可以探究温度对化学反应速率的影响呢？未必！自变量具体量的确定需要考虑自变量温度与其他控制变量的关系。在该实验中，主要是温度与淀粉溶液的性质、溶液中碘单质和氧气浓度等之间的关系，要保证在自变量发生变化的时候，控制变量保持不变。因此，先要弄清温度与这些控制变量之间的关系。

（1）温度对溶液中碘单质浓度的影响。

碘单质的熔点和沸点分别为113.5 ℃和184.35 ℃，水的沸点为100 ℃。碘单质在水中的溶解度较小，且随着温度升高而增大，具体数据见表1。若选定的实验温度相差不大，溶解度的差异也不大。同时碘遇淀粉的显色反应很灵敏，加之实验条件下生成的碘单质会与溶液中的I^-生成I_3^-，因此，本实验不用考虑温度对溶液中碘单质浓度的影响。

表1　不同温度下100g水中溶解碘单质的质量

温度 / ℃	0	10	20	30	40	60	80	90	100
碘单质的质量 / g	0.014	0.020	0.029	0.039	0.052	0.100	0.225	0.315	0.445

（2）温度对淀粉溶液的影响。

研究温度对淀粉溶液的影响，首先需要了解淀粉的组成以及淀粉遇碘单质显色的原理。淀粉是一种多糖，彻底水解可得到成百上千个葡萄糖。不同植物中的淀粉含有不同比例的直链淀粉和支链淀粉，这两种淀粉的物理和化学性质不同。直链淀粉由300 ~ 400个D-葡萄糖分子以 $\alpha-1$，4-糖苷键相连而成，卷曲成螺旋形。支链淀粉由1300个以上的D-葡萄糖分子缩合而成，有支链结构。淀粉遇到碘单质直接显蓝色，这是因为碘单质分子嵌入淀粉螺旋体的轴心部位，每个碘单质分子跟1个螺旋中的6个葡萄糖基结合，借助范德华力形成淀粉-碘包合物而呈现蓝色。

为探究温度对淀粉溶液的影响，设置了不同温度下的对照实验。

实验试剂：0 ℃的I_2饱和溶液，1%（摩尔分数）淀粉溶液。

实验步骤与操作顺序：取2支试管，分别加入3mL I_2溶液、3滴淀粉溶液，放入表2所示某个温度的水浴中保温5min，然后迅速将I_2溶液倒入淀粉溶液中，振荡混合均匀，继续保温，观察溶液颜色变化情况并记录现象。本研究采用恒温水浴锅或者加冰的方法控制温度。

表2 温度对淀粉与碘单质发生显色反应的影响

温度/℃	0	10	20	30	40	50	60	70	80	90	100
溶液颜色变化	变蓝，蓝色不消失					变蓝，蓝色很快消失		不变蓝			

实验结论：当温度在0～40 ℃时，淀粉溶液遇到碘单质变蓝，且不褪色。当温度为50～60 ℃时，溶液先变蓝，但很快褪色；当将水浴温度降为40 ℃时，溶液又变成蓝色。当温度为70～100 ℃时，溶液不变蓝。50～100 ℃范围内实验现象与0～40 ℃时不同的原因：淀粉遇碘单质显现蓝色是由于它们能够形成淀粉-碘包合物；在较高的温度下，分子运动加快，导致淀粉形成的螺旋圈扩大，碘单质从螺旋圈中脱落，不能形成稳定的淀粉-碘包合物，导致颜色褪去；若温度过高，淀粉的结构被破坏，也不能发生显色反应。所以淀粉与碘单质的显色反应一般需要将温度控制在45 ℃以下。

（3）温度对溶解氧的影响。

溶解在水中的分子态氧一般称为溶解氧，水中溶解氧的含量与空气中氧的分压、水的温度都有密切关系。研究表明，在控制压强为101.325 kPa时，水体中溶解氧与温度的变化关系如图2所示：

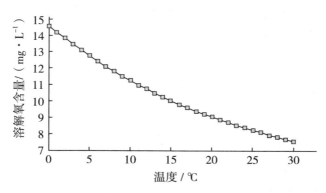

图2 水体中溶解氧与温度的变化关系图

可见，温度越高，氧气在水中的溶解度越小。对上图进行拟合，可得水中溶解氧含量或浓度（C_S，$mg \cdot L^{-1}$）与温度（T，℃）的关系符合下列回归方程：

$$C_s = 14.60307 - 0.4021469T + 0.00768703T^2 - 0.0000692575T^3$$

根据回归方程计算，当压强为101.325kPa时，不同温度下水中的溶解氧浓度如表3所示。当温度为71℃时，溶解氧浓度约为0.01mg·L^{-1}，可认为当温度高于71℃时，水中几乎没有溶解氧。

表3 标准大气压下不同温度的水中溶解氧值

温度 / ℃	0	7	14	25	35	44	55	71
C_s/（mg·L^{-1}）	14.60	12.14	10.29	8.27	6.98	5.89	4.21	0.01

综合以上三方面的结果可知，当自变量温度为45℃以上时，控制变量淀粉的结构会发生变化；同时温度的变化，会导致反应混合溶液中溶解氧浓度的变化。因此，要进一步改进实验条件，使在对照实验中控制变量溶解氧浓度保持恒定。

4. 控制变量的控制

对控制变量的控制主要体现在两个方面：第一，自变量变化，控制变量在对比实验中的起始值相同；第二，实验中所用控制变量的值，要能够体现出自变量的变化对实验的影响。本文研究以下几种措施对实验结果的影响。

（1）由空气中的氧气氧化改为向溶液中通入氧气。

实验试剂：1mol·L^{-1} KI溶液，0.1mol·L^{-1} H$_2$SO$_4$溶液，1%摩尔分数淀粉溶液，30%摩尔分数H$_2$O$_2$溶液，二氧化锰粉末。

实验步骤：

① 取两支试管，向其中一支中加入3mL 1mol·L^{-1} KI溶液和3滴淀粉溶液，另一支中加入3mL 0.1mol·L^{-1} H$_2$SO$_4$溶液，分别置于表4所示温度的水浴中保温5min，然后将H$_2$SO$_4$溶液迅速倒入KI-淀粉溶液，振荡混合均匀、继续保温，观察溶液颜色变化情况并记录现象。

② 在5个锥形瓶中分别加入5mL 30%摩尔分数H$_2$O$_2$溶液，后加入少量二氧化锰粉末，塞上带玻璃导管的单孔塞，同时将导管伸入上述两支试管中，观察实验现象。

记录的实验现象见表4。

表4　不同温度、不同供氧方式下的化学反应现象

温度/℃	7	14	25	35	44
空气中的氧气	大约3min后溶液变为浅蓝色	大约3min后溶液变为浅蓝色	颜色比7℃、14℃更浅	颜色比7℃、14℃更浅	颜色比7℃、14℃更浅
通入氧气	10s后出现蓝色，颜色不断加深，1min后变为深蓝色	几秒后出现蓝色，颜色不断加深，1min后变为深蓝色	几秒后出现蓝色，颜色不断加深，30s后变为深蓝色	瞬间出现浅蓝色，颜色不断加深，30s后变为深蓝色	瞬间出现蓝色，颜色不断加深，30s后变为深蓝色

可见：温度高时，溶液中溶解氧较少，参与氧化反应的氧气浓度较低，反应速率降低，且生成的碘单质少，颜色浅，难以得到正确结论。在对比实验中，向溶液中通入氧气可保证溶解氧的浓度基本相同，温度越高，变色所需时间越短，反应速率越快。

（2）由氧气氧化改为H_2O_2溶液氧化。

教材中实验主要采用的是氧气作为氧化剂来氧化KI，当温度改变时，溶解氧会发生改变，虽然可通过制取氧气通入反应体系来保证溶解氧的浓度基本相同，但是实验操作比较复杂，难以保证通入氧气的量绝对相等，从而难以保证溶液中氧气的浓度绝对相等。若改用H_2O_2为氧化剂来氧化KI，则容易控制得多。那么H_2O_2溶液的浓度要为多少呢？为此进行以下实验。

实验试剂：$1mol \cdot L^{-1}$ KI溶液，$0.1mol \cdot L^{-1}$ H_2SO_4溶液，1%（摩尔分数）淀粉溶液，3%（摩尔分数）H_2O_2溶液，0.3%（摩尔分数）H_2O_2溶液。

实验步骤：

① 取三支试管，分别加入$3mL$ $1mol \cdot L^{-1}$ KI溶液和3滴淀粉溶液、$3mL$ $0.1mol \cdot L^{-1}H_2SO_4$溶液、3滴3%（摩尔分数）$H_2O_2$溶液，分别置于表5所示温度的水浴中保温5min，然后将H_2SO_4溶液、KI-淀粉溶液先后迅速倒入H_2O_2溶液，振荡混合均匀、继续保温，观察实验现象。

② 将①中3%（摩尔分数）H_2O_2溶液的摩尔分数改为0.3%（摩尔分数），其他条件完全相同，重复①的实验操作。

记录的实验现象见表5。

表5 不同温度、不同双氧水浓度下的化学反应现象

温度/℃	7	14	25	35	44
3%H₂O₂溶液	瞬间变为深蓝色	瞬间变为深蓝色	瞬间变为深蓝色	瞬间变为深蓝色	瞬间变为深蓝色
0.3%H₂O₂溶液	瞬间变为深蓝色（最深）	瞬间变为深蓝色	瞬间变为深蓝色	瞬间变为深蓝色	30～40s变为蓝色（最浅）

可见：H_2O_2溶液摩尔分数为3%时，各个温度下的溶液都是瞬间变成深蓝色，不能通过观测溶液变蓝时间来反映反应速率的快慢。H_2O_2溶液摩尔分数为0.3%时，较低温度下溶液都是瞬间变成蓝色，14～35℃下的蓝色几乎相同，7℃下蓝色最深，而44℃下溶液在30～40s才出现蓝色而且颜色最浅，与最初的设想是相反的，这似乎与反应速率理论矛盾。其实不然，我们要考虑H_2O_2在保温过程中的分解。实验研究表明，纯H_2O_2在常温常压下可自行分解，但分解速率并不大。H_2O_2分解速率与温度、催化剂种类、溶剂性质及溶液酸度等因素有关。当温度为30℃时，纯H_2O_2或高纯度H_2O_2溶液的分解率约为1%每年，100℃下其分解率为2%每天。在本实验体系中，随着温度升高，H_2O_2的分解速率加快，导致碘离子与氧气反应的速率降低，44℃下溶液出现蓝色时间反而变长。因此，选用H_2O_2溶液代替氧气氧化KI也难以得到正确的实验结论。

（3）用Cu^{2+}代替氧气作氧化剂。

教材使用氧气作为氧化剂来氧化I^-，通过以上实验与分析可知，要得到正确的实验结论比较困难。那么，能否用其他氧化剂代替氧气来实验呢？用Fe^{3+}作为氧化剂时，其氧化性比较强，在本实验中难以根据现象判断反应速率，为此设计使用氧化性相对较弱的Cu^{2+}来进一步探究，其反应原理是$2Cu^{2+}+4I^-=I_2\downarrow+2CuI\downarrow$。

实验试剂：$1mol\cdot L^{-1}$ KI溶液，$CuCl_2$溶液（$0.1mol\cdot L^{-1}$、$0.01mol\cdot L^{-1}$、$0.001mol\cdot L^{-1}$），1%（摩尔分数）淀粉溶液。

实验步骤：

① 取两支试管，向其中一支中加入$3mL1 mol\cdot L^{-1}$ KI溶液和3滴淀粉溶液，另一支中加入$1mL 0.1mol\cdot L^{-1}$ $CuCl_2$溶液，置于7℃的水浴中保温5min，然后将

CuCl$_2$溶液迅速倒入KI-淀粉溶液，振荡混合均匀，继续保温，观察实验现象。然后分别在14℃、25℃、35℃、44℃的水浴条件下重复以上实验操作。

② 将CuCl$_2$溶液的物质的量浓度替换为0.01mol·L^{-1}和0.001mol·L^{-1}，分别重复①的操作。

记录的实验现象见表6。

表6 以Cu^{2+}作氧化剂、不同温度条件下的化学反应现象

温度/℃	7	14	25	35	44
0.1mol·L^{-1} CuCl$_2$溶液	瞬间出现蓝色，1min后呈深蓝色	瞬间出现蓝色，1min后呈深蓝色	瞬间出现蓝色，1min后呈深蓝色	瞬间变成蓝色，1min后呈深蓝色	瞬间变成蓝色，1min后呈深蓝色
0.01mol·L^{-1} CuCl$_2$溶液	开始呈现浅蓝色，1min后呈深蓝色	瞬间出现浅蓝色，1min后呈深蓝色	瞬间出现蓝色，1min后呈深蓝色	瞬间变成蓝色，1min后呈深蓝色	瞬间变成蓝色，1min后呈深蓝色
0.001mol·L^{-1} CuCl$_2$溶液	开始呈浅棕色，颜色不断加深，1min后呈棕色	开始呈浅棕色，颜色不断加深，1min后呈蓝紫色	开始呈浅蓝紫色，颜色不断加深，1min后呈蓝色	瞬间出现蓝色，颜色不断加深，1min后呈蓝色	瞬间出现蓝色，颜色不断加深，1min后呈深蓝色

根据上述实验结果，当CuCl$_2$溶液的物质的量浓度为0.1mol·L^{-1}和0.01mol·L^{-1}时，由于Cu^{2+}离子浓度较高，在7℃、14℃、25℃、35℃、44℃的水浴条件下出现蓝色时间比较快，难以准确判断反应速率，但可以观察到温度越高，溶液的蓝色越深。保持其他条件不变，当使用0.001mol·L^{-1}的CuCl$_2$溶液时，可以清楚观察到温度越高，溶液中出现蓝色所需时间越短，表明碘离子被氧化的速率越快。由此可见，使用0.001mol·L^{-1}的CuCl$_2$溶液作为氧化剂更为合适，尽管反应生成CuI沉淀，但其为白色，对实验现象的观察无影响。

5. 因变量的选择

因变量，即自变量变化后，给这个实验带来的结果。因变量的选择主要是容易观察到的现象或者容易测量的数据。对于本文探究的实验来讲，反应过程中各物质的浓度都在变化，比较切实可行的是，通过容易观察到的溶液颜色变化来判断自变量（温度）对化学反应速率的影响。当然，选择因变量时要综合考虑实验室的具体条件，对于中学而言，越简单越好。

教材中设计了不同类型与不同层次的科学探究活动，这些探究活动中蕴含着各种科学方法，控制变量法在影响化学反应速率的因素实验中得到了充分的体现。实验2-2、2-3比较简单，在此基础上，用第21页的"科学探究"栏目来探究温度对化学反应速率的影响，使得学生的思维空间与层次都得到了极大提升。

三、结论

通过上述实验探究及讨论分析可知，"利用1 mol·L^{-1} KI溶液，0.1 mol·L^{-1} H$_2$SO$_4$溶液和淀粉溶液，请探究溶液出现颜色的时间与温度的关系"这一实验看起来很简单，实际上由于自变量（温度）对其他控制变量（淀粉溶液的性质、溶液中碘单质与氧气的浓度）有一定影响，因此，需要深入分析并考虑它们之间的关系。在此基础上，本实验主要从以下三方面改进：①控制反应温度在45℃以下，保证淀粉-碘包合物结构稳定；②通入足量的氧气，尽量保证水中溶解氧的浓度一致；③寻找不受温度影响且现象明确的氧化剂，如Cu^{2+}，但其溶液的物质的量浓度不能太大，在本实验条件下最好为0.001mol·L^{-1}。通过探究控制变量法在"温度对化学反应速率的影响探究实验"中的深度应用，可知控制变量法在化学实验中的应用不仅仅是简单地设置控制变量，应当深入考虑反应体系的复杂性，既要考虑自变量对因变量的影响，又要考虑自变量对控制变量的影响。只有在充分考虑这些影响的基础上，才能设计出合理的实验方案，得出正确的实验结论。总之，运用控制变量法设计具有复杂情境的探究实验，有助于学生领悟该方法的精髓，也有助于培养学生的科学素养与科学思维。

参考文献

［1］张秀球."控制变量法"与高考化学试题命制［J］.中国考试，2013（9）：48-56.

［2］夏时君.控制变量法在高中化学探究中的运用［J］.实验教学与仪器，2011，28（Z1）：74-76.

［3］葛明海.运用控制变量法的教学实践与反思［J］.化学教与学，2013（7）：21-23.

［4］陈颖，陈咏梅，夏勤.控制变量思想下"影响化学反应速率的因素"教学研究［J］.化学教学，2013（7）：26-28.

［5］范爱玉.控制变量法在"影响化学反应速率的因素"实验教学中的应用［J］.中学化学教学参考，2013（5）：29-31.

［6］刘升斌.例谈控制变量思想在中考复习中的渗透——从2017年福建省中考化学实验探究题谈起［J］.化学教学，2017（12）：77-80.

［7］陈益.例谈新课程高考"控制变量法"实验的考查［J］.化学教育，2009，30（2）：37-39.

［8］朱浩遐."控制变量研究的实验设计"教学案例及反思［J］.化学教育，2012，33（1）：25-27.

［9］DEANJ G. Lange's Handbook of Chemistry［M］. 16th ed. New York：McGraw-Hill Companies Inc，1999.

［10］周寿然，张佐，黄佩蓉.生物化学［M］.南昌：江西高校出版社，2008.

［11］曾波.淀粉遇碘真的变蓝了吗［J］.生物学教学，2001，26（6）：42-43.

［12］张秀清.淀粉与碘反应的显色原理和条件［J］.实验教学与仪器，2006（12）：27-28.

［13］饶胡敏，黄旺银.影响水体中溶解氧含量因素的探讨［J］.盐科学与化工，2017，46（3）：40-43.

［14］吴洪达，黄映恒.过氧化氢的分解反应［J］.河池师专学报：自然科学版，2002（2）：27-30，75.

浅谈班级管理工作中的几个做法

当班主任不难，但要当一个好班主任就难啰！根据我校生员的特点，这届高一是一块"良田"，相对来说比前两届生员的综合素质好些，因此，学校领导提出了新的管理模式。在学校的正确指导下，围绕学校的德育工作，下面，我谈谈自己平时在班级管理中的几点做法，希望能抛砖引玉。

一、加强"家"的教育，培养学生的集体荣誉感

曾记得刚入校时，由于学生来自全市各个镇，有市属中学的，也有其他初级中学的；有成绩好的高达646分，也有成绩差的低至472分；有家庭条件好的，也有家庭条件很差的（还有几个是父母离异的）；有少数同学原来住过校，也有很多同学从未住过校的；有性格内向的，也有性格外向的；等等。总之，生员参差不齐，但要把这50多个同学很快团结在一起，把他们拧在高一（1）班这根绳上，怎么办呢？针对这个情况，他们一进高一（1）班我就不停地对他们进行"家"的教育，告诉同学们高一（1）班是一个大家庭，包括我在内共53人（现在55人），每个宿舍是一个小家庭，同时提出口号"今天我以高一（1）班为荣，明天高一（1）班以我为荣"。在平时班级问题的处理中，也是一样，比如清洁，一个同学做得不好，就得整个组被罚，目的是让他们始终明白一个道理，"高一（1）班是一个大家庭，是一个整体"。一段时间后，"大家庭"建立起来了，同学们的集体荣誉感也强了，使我更为欣慰的是，如今班上不存在任何拉帮结派的现象。同时，我还经常注意"德"的教育，告诫他们：学校是一个小社会，在这里要学会生活、学会做人等。

二、发现并培养班干部，发挥班干部的作用

首先我通过学生档案初定几个临时班干部，再通过军训的了解，适当地调整，然后在平时不断培养。比如我班的现任卫生委员梁培坤同学，刚开始他说自己上学以来从未当过班干部，但我发现这个学生有一身正气，心地善良，又肯帮助别人，觉得可以培养，当时就毫不犹豫地选他为临时卫生委员。曾记得第一次要他上讲台宣读清洁要求，他竟然不敢上去，没办法，我只得找他谈，鼓励他，最后他充满信心地告诉我："老师，明天我一定上去！"第二天，他果然上去了，尽管他在讲台上有点不自在，但毕竟有了第一次，并赢得了同学们的掌声，接下来他开展工作的情况就可想而知了，上学期班级被评为先进班集体，他功不可没。一分耕耘，一分收获，经过自己和班干部的共同努力，他们也慢慢地成熟起来了，比如在校学生会竞选中，我班5个同学参加竞选，经过激烈的竞争，最后都脱颖而出（全校共23人参加竞选）。还有一次，我参加全省的实验比赛，要出去几天，又碰上校运动会，怎么办？这时，我马上召开一个班干部会议，讲了这些情况，当时班干部都很支持我，要我放心去比赛，并马上各自分配了任务，记得在会上他们还半认真半开玩笑地对我说："老师，我们班没有体育特招生，也没有什么特长生，有点基础的马俊又刚摔伤了脚，所以团体总分可能是全年级最后一名，但我们会争取倒数第二名，精神文明奖我们一定要夺得！"后来，当我比赛回来，正如他们所言，团体总分全年级倒数第二，"精神文明奖状"也高高地挂在我们班教室后面的墙壁上，当时我真的很感动，觉得这群孩子真不错。后来的日子，许多事情我都放手让班干部去管理，本人经常只充当一个参谋的角色。

三、树立自信心，培养综合素质，挑起竞争

入校不久，我就发现有些同学有点不对劲，一了解，原来经过几次考试，成绩不太好，总觉得自己不如别人，想放弃。这时，我收集到许多成功人士的事迹说给他们听，甚至个别谈心，还让他们意识到自己不比别人差，经过一段时间的调整，同学们的信心又上来了，同时让大部分同学担任班、团干部，也

在班上、宿舍之间开展了一系列活动。学习在于自觉，需要竞争，怎么挑起竞争呢？在市场经济的今天，在顺德这片改革开放的热土上，想到市、学校能设置奖学金，班上不能设置吗？试一试，先与家长沟通，家长也很支持，共捐了500多元，有了钱，这下就好办了，马上在班上成立了"家长奖学基金"，对于那些成绩优秀、多方面或某方面有进步的同学都给予奖励，奖励面广，奖品丰厚，同学们的学习兴趣更浓厚了，班上你追我赶的学习气氛形成了。通过一段时间的竞争，班上同学的成绩明显进步了，期中、期末考试的年级前三名都在我们班，尤其期末考试年级前50名中，我们班占了17人。

要做好一个班主任，我始终觉得班级管理工作的路是漫长的。因为我们每一年面对的学生都可能不同，那么管理方法也就应该不同。因此，在平时的班级管理工作中我不断地学习、探究和总结，当然也遇到了不少问题，在班级管理上也有很多不够完善的地方，但我将上下而求索！

谈班干部培养四部曲

班级是一个特殊的集体，班主任是一个专业岗位，需要具备与职责相符合的能力。在高中阶段，学生的自我意识、自我管理能力更强，并且极具个性，所以建立一个优秀班级管理团队——班干部显得尤为重要。目前有许多研究谈及有关如何组建班干部团队，王兰芳认为运用心理学的三个效应——首因效应（primary effect）、近因效应（recency effect）、晕轮效应（halo effect），可以有效选用和培养班干部。其中首因效应是指第一印象的影响，近因效应是指最后留下的印象的影响，晕轮效应则指对一个人形成整体印象后，会依据某些特征推及其他特征。张鲁川认为班主任在班干部培养方面需要体现专业敏感性；在班干部选拔方面，需要让每个班干部都参与班级建设，淡化职位概念、强化岗位概念；在班干部培养方面，需要给予方法指导并培养服务意识，可以增设岗位述职和评议制度。也有研究认为班干部可以实行轮岗制度，让每个班级成员参与到班级管理中，增强班级荣誉感和认同感。冉亚辉指出，班干部的培养需要遵循五个基本原则："自主发展与指导管理相结合的培养原则、全面参与和发扬优点相结合的组织原则、公平竞争与适度均衡相结合的民主原则、动态调整与长期规划相结合的灵活性原则、服务于教育教学与培育优良学风相结合的方向性原则"，这五项原则相互统筹协调，可以培养出一支优秀、团结、合作、健康的班干部队伍。由此可见，班干部的培养各有各的优点，需要结合实际情况加以调整才能达到效果。本文以自身多年的班主任工作经验为基础，分析讨论班干部培养的具体要点。

作为一名班主任，我深深地体会到培养和锻造一支得力的班干部队伍是带好班集体的非常重要的工作。同时学生在从事班干部的过程中能力也得到了提高，在组织和管理的过程中更有利于学生核心素养的提高。在这么多年的班主任工作中，我在培养班干部方面采用了"选拔—培训—使用—管理"四部曲的培养工作流程，收到良好的效果。

一、选拔班干部

选拔班干部并不是我们想象中的那么容易，在接到新班级时，我们很多有经验的班主任的做法就是首先认真研究学生档案，通过原始资料了解每个学生的性格，是否担任过职务，学习成绩、家庭环境等，对学生的情况做到心中有数。但前期的资料并不能完全代表这个学生的实际情况。关键在于班主任怎么把握，怎么观察，怎么考核，怎么任命！为此，在开学初，我结合军训、班会课和课外活动课，给所有学生表现的机会。我会采用一些常见的方法来对学生进行考查，例如一分钟自我介绍、毛遂自荐演讲、三分钟故事、才艺小展示，对班级发生的事情谈看法等形式，听其言，观其行，考查学生的实际能力，并量材而用。但是我给自己所考查的对象确定了一个标准：要具有优良的思想品质，是榜样型人物；要有良好的群众基础，善于团结同学，工作能力不错；要有强烈的工作热情和团队精神，乐于奉献；要有明确的学习目标，学习方法科学；要敢于开拓创新；要能严格要求自己，有一定的组织协调能力。

二、培训班干部

我们做班主任的都很清楚，没有哪个学生天生就是当班干部的料，其成长主要靠我们的雕琢与培训。只要品行端正，相应的能力初步具备，都是培养的苗子。在班干部们刚上岗时，班干部往往难以理解班主任的工作意图或"良苦用心"，所以，班干部选好后，不要急于压上重担，要经过培训后才正式"上岗"，这是我们很多班主任所忽视的一个重要环节。我认为，培养班干部可以从以下几个方面入手：

1. 给班干部定位

班干部是一种荣耀，树立班干部的自豪感；班干部是一种责任，培养班干部的责任心；班干部是一种奉献，杜绝班干部以权谋私；班干部是"钦差"，树立班干部在同学们心目中的威信；班干部是一种锻炼，鼓励班干部积极、创造性地开展工作。

2. 当好参谋，该放手时就放手

对于班干部的培训，我经常会花很长的时间手把手地教他们，先是牵着走，再扶着走，然后放开手让他走，最后我们跟着走，鼓励他大胆地往前走。

3. 做一个倾听者，做一把保护伞

做一个好观众，欣赏他们的一举一动，用十分重视的态度对待他们的信息反馈，保护他们的积极性，坚决杜绝其他同学的冷嘲热讽与恶意中伤。

4. 表扬，不停地表扬

对于班干部的工作，不吝啬溢美之词，让班干部之间形成良性竞争，比学习，比工作，比进步。

5. 明确责任，分好责任田

必须明确每一个班干部的工作范畴，让他们学会分工合作，有担当，自己的工作必须自己想办法完成。

三、使用班干部

班干部的使用当然是我们工作的最终目的。怎么使用是一个学问，我个人认为，用活动来培养班干部是最有效的办法。没有活动的锻炼与洗礼，不可能培养出一支精干的学生干部队伍。在活动中要鼓励班干部花心思去想怎样把自己的班级管理得更有特色、更有活力、更有人情味，怎样在活动中让自己的班级表现得更突出，如何取得更加优异的成绩。久而久之，班干部的组织能力得到提升，事事带头的习惯慢慢培养，责任感逐渐形成，主人翁意识增强，参与管理意识增强。

四、管理班干部

班干部的管理当然是班主任工作的核心，如何管理是一个课题。我们经常发现，有的班干部被确定后，有种飘飘然的感觉，好像自己是"领导"似的，目中无人，官腔十足，一些不良的习惯慢慢地显露出来。这个时候，就是考验班主任的时候，对他们的引导与教育就成为我们管理班干部的具体事务。

总之，班干部的培养非一朝一夕能完成，其中的艰辛也只有自己才能体会，作为班主任，如果我们真的重视了班干部的培养，经历过风雨后就一定会看见彩虹。

参考文献

[1] 王兰芳.高中班主任如何灵活运用三效应正确选用班团干部 [J].课程教育研究，2018（17）：194.

[2] 张鲁川.班主任在班干部培养上要体现专业敏锐性 [J].江苏教育，2019（87）：72-73.

[3] 霍丽彩.浅谈班干部的培养策略 [J].科学咨询（教育科研），2019（11）：87-88.

[4] 张瑞卿.小学班队干部轮换制的实践与思考 [J].学周刊，2019（9）：160.

[5] 冉亚辉.班干部队伍建设的五个基本原则 [J].中国德育，2019（4）：24-26.

[6] 胡瑞海.浅谈学生干部的选拔与培养 [J].科技经济导刊，2019，27（13）：161.

[7] 唐霞，刘勇.班干部选拔中存在的问题及对策 [J].西部素质教育，2019，5（8）：198-199.

[8] 向长征.论中小学班干部的选拔及培养路径 [J].中国德育，2019（4）：31-34.

谈"六步教学法"与新课改思想

新课改教学两年多，我感慨万千，从最初的茫然，不理解，到慢慢接受，再到现在感受到新课改思想给自己教学带来的好处等。如今我利用这个机会把它写下来，与同行们一起共享，企求共同进步。下面我就从自己的亲身体会和反思谈谈如何用新课改思想优化化学教学。

热化学方程式是一个比较重要的知识点，也几乎是每年高考中必考的一个考点，所以化学教师都会费尽心思地让学生掌握，尤其重视备课这个环节。2015年我是这样处理的：学生事先预习—教师详细讲述—逐条归纳书写热化学方程式的注意事项—学生课堂练习—师生共同点评—小结。2019年我教这个知识点时，运用新课改思想，教学设计分了六步：

第一步：通过自制课件分别显示四个化学方程式和四个热化学方程式。

第二步：要求每个学生积极思考，找出热化学方程式与化学方程式的不同之处，找得越快越全面越好。

第三步：把自己的答案与小组同学讨论（按四人一组事先分好），小组代表说出自己小组讨论的结果。

第四步：师生共同归纳书写热化学方程式的注意事项。

第五步：课堂练习（两种类型，一是热化学方程式的正误判断，二是直接书写热化学方程式）。

第六步：师生共同点评，找出题目中设计的陷阱和易错点。

两次教学设计结果对比如表1所示。

表1　两次教学设计结果对比表

年份	课堂用时	效果
2015年	45分钟	学生被动，课堂较沉闷，练习时较多同学在书写热化学方程式时丢三落四，考试测验时这个知识点得分率不理想
2019年	30分钟	学生主动，课堂气氛好，师生交流充分，练习时，基础较差的同学都能回答正确，更让人欣慰的是，几次热化学方程式的考查，得分率均为100%

面对两种截然不同的结果，我不得不反思两堂课的教学，它们的不同之处在哪里，后者为什么能成功？这种教学方法能不能在其他知识点的教学中尝试呢？通过自己一段时间的摸索和实践，答案是肯定的。我把这种课堂教学环节命名为"六步教学法"，即教师引导—学生自主学习思考—小组交流讨论—师生共同归纳，得出结论—课堂练习—师生点评，小结。我个人认为"六步教学法"最大的特点就是体现了新课改的精神，表现在以下几个方面：

（1）从教师在课堂教学中的作用来看，"六步教学法"与新课改所提倡的精神是一致的。心理学家布鲁纳认为：学习是一个主动的过程。对学生学习内因的最好激发是激起学生对所学材料的兴趣，让学生感觉到自己对学习感兴趣，当然这少不了教师的引导。"六步教学法"中教师的主要作用体现在"导"上，教师根据教学内容、学生特点、学习现状精心设计每一步，目标明确。如前面提到的四个热化学方程式在教学设计应重点考虑四个方面：①化学计量数不同，反应热就不同；②化学计量数可以是分数；③同一物质，状态不同，其反应热不同；④热化学方程式要注明温度和压强。使每个学生在教师创设的情境中，积极投入到学习的探究过程，在疑惑中去探索，在探索中去思考，在思考中去发现，提高学生学习的积极性，把学习的主动权真正给了学生，这样与新课改对教师的要求也不谋而合。（新教改下的教师不能成为课堂教学的主演者，提倡教师成为课堂教学的组织者，共同学习的合作者，学生获取知识源泉的发掘者）

新课改提倡教师成为学生全面发展的关注者，应对每个学生的成长和发展负责，要有教育育人的思想，要求教师不能仅把学业成绩好（即分数高）的学生看作"人才"，只面向少数学生，遗弃多数学生，而应把每一个学生都看作"人才"去培养、去塑造。只要仔细分析就可以看出，"六步教学法"的教学中教师把充裕的时间和空间留给学生，把课堂变成学生自主地、多角度地、全方位地交流与合作的群言堂，从而使每一个学生都有了进步，有了成功的体验。

新课改提倡教师是学生发展的促进者，要求教师积极地旁观，认真地听，设身处地地感受学生的所作所为、所思所想，随时掌握课堂中的各种情况，考虑下一步如何指导学生学习。"六步教学法"的过程就是先提出思考任务，提出目标，让学生带着问题在规定时间内自学并思考相关内容，然后小组讨论交流，并配有相关课堂练习，学生自学思考和课堂练习时，教师巡视，发现问题记下来，整理学生出现的问题，再在点评时集中解疑。整个教学过程是教师与学生、学生与学生之间的互动学习，教师是教学活动的组织者，是学生活动的监控者，是学生自学、思考时的参谋，学生在教师的指导和帮助下，必然产生自己获取知识的成就感和自信心，必然产生精神的愉悦和进一步学习的动力，真正发挥学生的主导作用。

（2）从学生的学习方式上看，新课改倡导教师在教学中创设一种和谐的学习氛围，注重对学生学习方式逐步改变，让学生在体验中学习，在感悟中收获。"六步教学法"的教学正是力求在课堂教学中创造出开放型的师生关系，轻松、民主、和谐的教学氛围，使学生畅所欲言，使学生的生命力得到真实地体现。学生在课堂上自主掌握的时间多，课堂上把学生引入一种参与问题探索的情境中，使其产生对新知识的渴求，激发学生探索动机，让学生自己主动去探索、发现，使学生能产生奇思妙想，形成独到的解题思路，培养学生独立探究的意识。同时教师要承认和尊重学生的差异，让学生暴露出不同的思维，才能确保学生的学习富有个性。鼓励学生用自己的思维方式大胆提出猜想，教学中的结论让学生自己去探究，自己去发现。学生的想法有时会出乎教师的意外，有些怪异，又有道理，多么好的思维方式，可见教师真的不必包办太多。放手让学生大胆地去探究，学生的思维能力得到拓展，探究能力得到发展，从而使师生在探究活动中共同求得发展。从这点上看，"六步教学法"的教学，正是为了实现新课改促进学生发展的目的。

因此，在"六步教学法"的实施中，应特别注意与学生建立一种平等、尊重、和谐、发展的师生关系，营造一个民主、活跃的课堂氛围。充分尊重学生的主体地位和个性差异，让学生敢想、敢说、敢干。教师对有不同意见的学生采取尊重、宽容、鼓励的态度，决不强制、苛求、压制学生，对那些独特、新颖的见解和观点，及时给予热情的鼓励和赞扬。让学生在宽松的氛围中合作探究，并能运用所学知识解决生活中的问题。正如教育家第斯多惠所说："教学艺术不在于传授的本领，而在于激励、唤醒和鼓舞。"这也正是新课改提倡教学民主的思想。

"路漫漫其修远兮"，把课程改革推向深入，以适应教育教学体制的改革，适应时代发展的需要，是每一个教师义不容辞的责任。新世纪，新观念，新教法，吾将上下而求索。我坚信只要大家齐心合力，共同为课改出谋划策，献一臂之力，我们的新课改，就会越来越有希望！

谈在高中化学教学中如何用好实验

化学是一门以实验为基础的科学，尤其如今的新教材更能体现实验在化学教学中的重要性和地位。针对目前我国中学化学实验教学普遍存在的"重演示实验轻学生实验，重实验结果轻实验过程，做实验不如看视频"等问题，下面我谈谈在这方面的一些做法。

一、保证课本实验全部开出，达到三个100%，加强实验的地位与作用

如今新教材一改，有一个重要的特点，就是增加了不少实验，当然，实验内容增加也是有目的的，所以我们要好好利用这些实验，当然全部开出也是必要的。

二、学生演示实验，增加学生动手机会，加强学生的实验能力

改部分演示实验为学生实验或学生演示实验，增加学生动手机会，加强学生的实验能力。这里讲到的改部分演示实验为学生实验的工作量虽然比较大，教师很辛苦，但教学效果还是不错的，因此我也偶尔试一试，在平时我还是多把教师演示实验改为学生演示实验。我觉得这样有几个好处：①可以调动学生的积极性；②教师能发现并及时纠正学生的不规范操作；③培养学生的兴趣，给他们表现的机会，他们若成功了还有一种成就感。这样的例子较多，在此不举例，我个人认为安全、易操作的实验都可以交给学生去做。

三、对实验装置作些改进，培养学生的创新意识

比如在比较Na_2CO_3和$NaHCO_3$热稳定性的实验中，课本是分别进行的，我觉得最后的结论让学生有点疑惑，而且操作也不很方便，我就把它改成了套管实验——只加热Na_2CO_3部位，最后$NaHCO_3$放出气体并使澄清的石灰水变浑浊，这样的教学效果就可想而知了。再如验证二氧化硫漂白性的实验中，我在试管上面放一些红鲜花，最后鲜花褪色，这样解决了验证二氧化硫的漂白性、减少污染和联系生活实际三个问题，一举三得。

四、改验证实验或常规实验为探究实验，增加学生实验探究的机会

新教材改革其中的一个宗旨是"注意培养学生的探究意识"。如高一讲"氯气的实验室制法"中，考虑到学生在初中已经学了三大气体的实验室制取，并且也学习了探究实验室制取气体的方法，所以我在讲这部分内容时不准学生带课本进实验室。在实验室先给学生一个关于氯气性质和制取原理的信息题，然后让他们讨论应该怎样制取和收集氯气，接着动手实验，成功制得氯气，最后发现效果不错，学生的收获也不少。又如高二讲红磷转化为白磷的实验中，加热后管壁有黄色的磷生成，本来达到实验效果了，但此时我再问："同学们，还有没有别的办法证明管壁上的物质是白磷呢？"……引发学生思考，增加他们实践探究的机会。

五、成功补充一些实验进一步发挥实验的功能

比如：

（1）在Na_2O_2的漂白性实验中，补充少量酚酞试液和Na_2O_2粉末，振荡，现象是无色—红色—无色。

（2）在探究Na_2O_2与CO_2反应的实验中，加一些脱脂棉包在Na_2O_2里面，然后将Na_2CO_3+HCl反应制取的CO_2通入脱脂棉中，发现脱脂棉燃烧了起来，证明生成了一种支持燃烧的物质，那就是O_2，还说明该反应是放热反应。这时，我

继续提问："假如我只给你脱脂棉和Na_2O_2，你能让脱脂棉烧起来吗？"……这样这个实验又变成了一个探究实验。

（3）在Na和H_2O的实验中，我补充"分别用大烧杯和试管做$CuSO_4$溶液与Na的反应器……

我的高中化学老师曾对我们说："我为什么喜欢化学，就是因为喜欢做化学实验。"老师一句话也改变了我，现在自己作为一名化学老师，也喜欢做实验，尤其看到我的学生在实验室的那种认真，那种热爱，那种通过实验解决化学问题的探究劲头时，我作为教师很享受！

在高三化学备考中怎样培养学生主观题的审题能力

  影响考生高考成绩的因素，可以说有千万条，尤其在新课改、新高考大力推进的今天，相关考试说明明确要求试题不能偏、怪、难，这样在要求考生夯实基础的前提下，对各个方面的能力要求就更高了。综观全国近两年高考，主观题非常突出对信息处理能力的考查，试题变得多样化了，整套试卷图文并茂，有数据，有表格，可以说是琳琅满目，这样的试卷对那些平时眉毛胡子一把抓的学生来说，想考好是相当不容易的！而信息处理的好坏最为关键的是如何快速、准确地审好题。在平时的教学中，原来我也像许多教师一样，认为评讲练习能培养学生的审题能力，并反复提醒学生一定要审清题，但到了考试，问题就暴露出来了，学生的审题能力还是很差，题目看得不仔细，回答问题答不到点子上，失分较多。而我认为自己已教得很好了，讲得也很清楚了，认为是学生能力不行，好像自己很受委屈。后来找了几个失分较严重的同学了解，他们的回答几乎是："老师，你上课的时候按照你的思路，我觉得自己很快会明白出题人的意图，但到考试时，自己就想不到了！从而速度慢了，准确率也就大大降低了。"听了这话，我顿时茅塞顿开，虽然我在课堂上也注重培养学生的审题能力，但问题就出在"按照你的思路"，那叫包办代替，准确地说没有让学生的审题能力得到真正培养，学生才是真正的委屈者。通过这件事情后，我也认真反思，特别在主观题上有了一套培养学生审题能力的方法，对比两届高三学生，效果非常明显。具体从两个大的方面展开：

一、理论上，让学生学会"三个什么"

1. 题目的目的是什么

有些同学往往忽略了这一点，使解题过程变得盲目，思维变得混乱，做了半天，还不知道自己干了什么，这是高考的一大忌。正如观察时要发现和选准观察点一样，审题时要注意关键字词，学生要快速、准确地找到"题目的目的是什么"。

2. 题目要我干什么

高考主观题一般是信息源多、信息类型多、信息的加工方式多，考生看完题后经常说"不知道在说什么"。遇到这种情况，教师应引导学生不要烦躁，一定要找到题目要我干什么。

3. 解决问题需要什么

道理很简单，因为解决问题需要什么，我就找什么，有的放矢，不做无用功，高考时间只有那么多。考生需要筛选信息、重组信息，寻找条件与问题之间、问题与问题之间的联系，预测可能遇到的障碍。当然有些题目的部分条件并不明确给出，而是隐含在文字、图和表中，常见的有知识性隐含条件、临界条件性隐含条件、数据性隐含条件等。把隐含条件挖掘出来，常常是解题的关键所在，而题目的隐含条件是多种多样的，被隐藏的可能是研究对象，也可能是变化方向，或是初始条件，或是变化过程中的多种情况，或是发生突变的拐点等。要认真地审题，仔细思考除了明确给出的条件以外，是否还隐含着更多的条件，这样才能准确地理解题意。

二、实践中做好两个"训练"

在平常的教学过程中，要注意从"过程与方法""知识与技能""情感与价值观"等方面加强学生对信息处理能力的培养。只灌输结论，不讲过程，违背认识规律。没有情感的体验，学生学不深刻，不能灵活掌握、运用方法与技能。所以单单有了理论是远远不够的，只能说是纸上谈兵，这时学生做一些针对性强而有实效的训练是非常有必要的，我主要在课堂、课后采取下面两步：

1.学生互相找"三个什么"，师生互评，提高能力

按照新课标的要求，教师要鼓励学生用自己的眼光学习，用自己的头脑思考，勇于提出自己困惑的地方，大胆表达自己的见解，热情解答同学的疑问，让课堂上有更多学生自己的声音。主动探讨问题，能使学生积极思考，加速完成认识知识和掌握知识的过程，也是打开学生思路的关键。有了前面的理论，接下来我会连续利用2～3节课在课堂上通过一些经典例题让学生互相找"三个什么"，师生互评，从而在讨论中明辨是非，寻找结论，提高学生分析问题、解决问题的能力。讨论完之后，再让学生独立完成整个题目的答案，一般情况下，此时学生的积极性已经被调动起来，能够快速而准确地找到答案，不仅尝到甜头，信心也提高了！当然，这会影响教学进度，但"磨刀不误砍柴工"，只有细致地审题才能从题目本身获得尽可能多的信息，开始不要怕"慢"，这是训练思维敏捷性必经的一步。

2.针对性地强化训练

审题能力的培养不是教师讲几个题目就能了事的，而是要注重学生的情感体验，让学生在解题过程中慢慢体会与总结，否则提高审题能力还是句空话！所以在这个时候我会按照高考要求，有针对性地认真选题，而且将每一种限时训练的题型控制在5～10个题。从学生的反馈和两届高三学生的对比情况来看，效果非常好。

每年的高考中，部分同学由于二卷审题不准或太慢而得低分，令人痛惜。在考场上，时间紧，压力大，这是事实，如果平时能加强这方面的培养，完全可能避免忙乱而失分。所以在高三化学备考中，加强审题能力的培养至关重要，一定要落实到位，才能真正提高学生的自信心，提高成绩才不会成为一句空话。

在高三化学复习中怎样对待学生的
"错误"答题

一、问题的提出

　　现在新课改提倡素质教育，减轻中小学学生的课业负担，要求学生能进行有效学习。在高三化学复习课当中，在各类作业与考试中，不可避免地会出现许多"错误"答题，而学生的"错误"答题是高中化学学习中非常重要的学习资源。皮亚杰的学习原理认为错误是有意义学习所必需的。学习的过程是不断犯错误的过程，也是一个通过反思、分析错因逐步纠错的过程。"错误"答题可以反映出学生的知识缺陷，让学生做到自我调节学习，减少"题海战术"，同时对于教师来说，学生的"错误"答题是学生学情的反馈，可以帮助教师做好复习策略的调整。研究表明，对错题进行积极的反思，是查漏补缺的重要形式，可以更加有针对性地复习，提高复习效率。许多研究都指出了错题研究的价值，但是广大学生对于"错误"答案的认识以及实施效果不够理想，需要教师做出进一步的指导工作。挖掘错题的价值，需要教师正确对待学生的"错误"答题。本文从"在高三化学复习中怎样对待学生的'错误'答题"这一问题展开分析讨论。

二、案例分享

　　高中"化学平衡"是教学的重难点，也是高考的高频考点，因此本文以化学平衡复习为例子。在复习化学平衡的时候，我选用了《化学》（人教版）选修4中的一道题目：

在CO_2的水溶液中存在着如下平衡：

$$CO_2（g）\rightleftharpoons CO_2（aq）$$

$$CO_2（aq）+H_2O\rightleftharpoons H_2CO_3（aq）$$

$$H_2CO_3（aq）\rightleftharpoons H^+（aq）+HCO_3^-（aq）$$

$$HCO_3^-（aq）\rightleftharpoons H^+（aq）+CO_3^{2-}（aq）$$

如果海水略显碱性，则海水中溶解的二氧化碳的浓度比纯水高还是低？解释原因。

教师一看，这是典型的电离平衡知识不难，常规思维或者按照编题者的意图应该是比纯水要高。但在课堂上，当我问学生是高还是低呢？答案让我大为吃惊！无论是化学基础好的还是化学基础差的学生，都有相当一部分同学回答比纯水要低，为什么会这样？于是，我马上叫两个基础有差异的同学分别回答高还是低的原因。他们的理由都是：海水略显碱性，其中的OH^-与CO_2溶于水生成的H^+结合，导致$c（H^+）$减少，使平衡向正反应方向移动。答案偏低的同学认为，这样海水中已溶解的CO_2减少了，所以要低，不是没道理；答案偏高的同学认为，这样空气中就会有更多的CO_2溶解在海水里，理所当然浓度会偏高，也有道理。为什么会这样呢？后来细想此题确实存在歧义，谁对谁错先别说，产生这样答案的原因是很清楚的，即每个学生对同一个问题，如果从不同角度去思考，就有了不同的结论！其实不只在教学中，在生活中，我们不也经常碰到这样的问题吗？由此，我就想到，在平时的教学尤其高三复习课中，经常有教师这样埋怨："这学生真笨，讲了四五遍，还有一半多人不会，真是没法教了！"等等！难道这么多学生，真的很笨吗？难道真的没法教了吗？不可能。其中相当一部分原因可能就是对知识或问题的理解不同而已，因此就出现了所谓的"错误"答案，其实有可能他的答案也是正确的，甚至教师的参考答案是错误的。因此，我觉得作为教师的我们在平时教学中不要随意去评价学生，尤其在科学越来越发达，新教材和新课改日益推进的今天，我们更应如此。那么在平时的高三教学中，为了尽量减少学生出错，提高学生的应试成绩，教师如何处理好这些问题呢？

三、应对策略

1. 备考中，要时刻注意自己是教师与学生的双重身份

我个人认为教师应该全面了解并深层次地把握学生的心灵世界，经常用自己的心态和学生的心态去比较，设身处地站在学生的角度，把学生放在自己的角度，这样去备课具有良好效果。于是，自己的心和学生的心就最大限度地统一起来。比如，在讲解基本概念或基本理论时，若能注意关键字词的讲解，对于学生来说，事半功倍。比如，我在讲解喷泉实验的原理时，一边演示，一边让学生观察，最后师生一起总结喷泉实验的原理：利用烧瓶内外的压强差！为了重点突出压强差，我提了3个问题：

（1）NH_3能否换成其他气体？

（2）水能否换成其他液体？

（3）在本实验中，如果我将装置1改成装置2（图1），你能否引发喷泉？

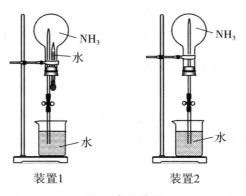

图1　实验装置

当时学生反应积极，回答得有板有眼，尤其第（3）问，答案有很多种：①打开止水夹，用手将烧瓶捂热；②打开止水夹，用热毛巾将烧瓶捂热；③打开止水夹，用冷毛巾将烧瓶冷却；④打开止水夹，在烧杯中加一个装置将水压上去等。先不管操作是否可行，至少有两点是可以肯定的：第一，学生已经掌握了喷泉形成原理；第二，进一步激发了学生对化学的学习兴趣。

2. 平时复习中允许学生出错

"人非圣贤，孰能无过。"我的学生都知道我有一个特点：课堂上问题回答错了，教师一般不会责怪，反而更合教师的心意。我认为，学生答错题很正常，关键是错了以后会不会再错。而在课堂上，答错题的同时也暴露了一部分同学的认知偏差。如果这时候，教师能乘机与同学一起帮助其分析错误，不仅帮助了一个学生，而且辅导了一批学生，何乐而不为呢？记得有一次我在上热化学方程式的书写复习课时，教师都知道，这是学生书写中最容易丢三落四的地方，当时讲完以后，举了一个例子，分别叫了4位同学（成绩都属于中下水平）去黑板上书写，最后的结果正如我所料——五花八门，并引来了班上同学的阵阵笑声，和平常一样，我与其他同学一起帮助这4位同学纠正了其中的错误，还进行了书写热化方程式的总结。以后无论是考试还是练习，我统计过关于书写热化学方程式的情况，发现我的学生几乎全做对了！

3. 正确对待学生的错误答题

学生答错一个题，甚至多次犯同一个错误，我想教师千万不要首先批评学生，甚至错误地评价一个学生，应问："你为什么这么想？"进而找到症状所在。有可能结果会让你惊喜。否则，你可能就会让一个学生避而远之，更有可能让这个孩子一辈子蒙上阴影。曾记得，高三一次模拟考试中有一道题：氨气分子的结构是什么？当时有大半同学的答案是三棱锥。我很吃惊，然后问兄弟学校的情况，几乎与我的学生类似。在高二我们不是讲得很清楚，是三角锥形吗？（我查过的化学资料显示都是三角锥形），记得当时上新课或平时的测验，学生也没有什么异议啊！这时，我拿出这个问题与数学老师探讨，数学老师一看，毫不犹豫地说是三棱锥，并且说数学上没有三角锥的概念。后来我又了解到，高二第一学期初学生未学立体几何。这个问题的"错误答案"，难道也是学生的错吗？尤其我们化学实验更是存在许多奥妙，记得我在讲"苯的同系物的性质能使酸性高锰酸钾溶液褪色而苯不行"时，当时有一个学生私下将苯加入酸性高锰酸钾溶液中，发现也褪色了，这时，他马上站起来向我提出了这个发现，我也感到很奇怪，建议同学们都演示一下，结果确实如此，课堂上一下子安静了，同学们都望着我！难道这个结论真的有问题？还是试剂有问题？（前面几届教师和实验员都没提起药品有问题）这时，下课的铃声也响了。我马上布置一个课外作业，把学生分成3个小组，一组同学上网收集这方面的资料。另两组同学分别去图书馆和化学实验室。经过一番努力，终于得出结论：实验室的药品确实有问题！尽管虚惊一场，有这样的学生，难道你不感到高兴吗？所以，在平时的教学或复习中要经常对容易出错的概念、误区、易错点用"问题讨论法"，通过几位同学的讨论让大家知道哪里容易出错、为什么会出这样的错，从而让学生在做题的过程中避免重蹈覆辙。

4. 引导学生建立纠错本

研究证明，建立纠错本能够帮助学生加强对难点知识的理解，突破知识盲区，避免做大量的新题，可以提高复习的效率。常言道：好记性当不了烂笔头。在复习中，教师都知道，假如学生对于自己讲过的或者曾经做错过的题目都会，那么这样的备考肯定是非常成功的！在考试题目中，研究性学习的内容不仅是考试热点，而且比重在不断增加。因此，在平时的教学中我们正确对待学生的"错误"答案，不也正是在探究"教"与"学"吗？同时也是提高学生高考成绩的一个重要途径！对于高中化学错题本的建立，可以根据错因分为三种：知识错误、方法错误、实验类错误。教师应当让学生认识到错题的重要性，避免出现对纠错本敷衍的现象。

参考文献

［1］张桐恺. 高中化学学习中错题反思策略的分析［J］. 内蒙古教育，2001，8（2）：77-78.

［2］施良方. 学习论：学习心理学的理论与原理［M］. 北京：人民教育出版社，1994.

［3］余彦利. 巧用高中化学错题集，提高学生学习效率［J］. 新课程·中学，2015（2）：93.

［4］翟变利，王文泉. 国内外错题管理研究综述［J］. 电脑知识与技术，2016，12（22）：140-143.

［5］符爱琴. 错题管理：从一道经典易错题谈起［J］. 化学教育，2008，
    29（12）：39-41.

［6］李瑶. 高中化学错题记录与错题反思［J］. 教育现代化，2019，
    6（33）：193-195.

一名"退学"学生的行为的纠正

每所学校的各个班级都有一两个学习不好的学生，他们总是会产生自卑心理。自卑心理是个体在外界的消极暗示下，由于现实自我与理想自我之间产生强烈的反差而引起的自我贬低、自我否定的一种消极的心理状态。它的外在表现就是看轻自己，对个人的能力做出过低的不符合实际的评价，认为自己什么都不行，即使对稍加努力就能完成的学习任务，也自叹无能而轻易放弃。

本次研究的目的是，解决班级差生在课堂中、生活中经常遇到的实际问题，而这些问题正以一名男同学"退学"为代表。运用艾略特五步骤模式展开——第一步：提出问题；第二步：研究分析；第三步：拟订计划；第四步：实际行动；第五步：反思总结。准备以一个学期为研究周期，每个周期以三个循环实施。预期不一定能彻底改变这名学生的所有不良行为，但起码能把最突出的问题解决，并能把本学期的教育效果巩固下来，为下一步的教育做好铺垫。

一、提出问题

1. 基本情况

小桐（真实姓名隐去），男，1993年出生，家中长子，有一12岁弟弟。小桐现就读于佛山市顺德华侨中学高一年级，入学成绩很低。父母初中文化，一起经营一家家具公司。

2. 收集资料

小桐学习成绩偏差，无心向学。上课无精打采，经常迟到、早退、旷课、缺交作业。小时候受父母宠爱，刚上初中时成绩也不错，但上初三那年由于贪玩，学习成绩直线下降，同学嘲笑他，教师不理解他，父母责怪他，这使他有了破罐子破摔的心理，不想学习。自上高中以来，父母说他不争气，没出息，这些给小桐造成了很大的心理压力，使他一拿起书就觉得头晕，并逐渐变得抑郁、自卑、厌学，甚至装病逃学。

二、研究分析

1. 家长的分析

由于父母工作忙，正处于创业阶段，因此在初中阶段疏于对孩子生活上的了解和关心，不了解孩子在学校的情况，只是责备孩子。学业繁重的初三，也是青少年叛逆的阶段，小桐较多地接触到社会的阴暗面，逐渐滋生了对人生、对社会特别是对现行教育制度的不满情绪，认为它扼杀了有个性的人才。后期因学习任务的加重，成绩不如人意，产生自卑心理，就放纵自己不学习。这样就导致了他越来越厌恶学习，甚至厌恶学校，从而产生了退学的想法。

2. 教师的分析

在高中阶段，小桐的入学基础比较差，与其他的同学产生了一定的差距。在课堂上，小桐对教师讲的内容听不懂，觉得很无聊；在生活上，进入一个新的集体，对环境比较陌生，与其他的同学相比，产生了自卑的心理，认为自己无论哪方面都比别人差，进而产生厌学情绪，想逃离学校、班级，想退学。特别是期中考试以后，自己的成绩远远落后于其他的同学，感觉没有希望追上其他人，这使得退学的想法更坚定了。

3. 明确目标

通过资料的查阅，结合小桐自身的条件，可以确定这次的研究目标如下：

（1）小桐的自卑情绪是如何产生的？

（2）如何来帮助小桐克服自卑心理？

（3）通过这次研究，小桐有什么改变？

三、拟定计划

1. 收集资料

通过与小桐的谈话，了解小桐的困难（包括学习上的和生活上的）及心结（指是否有心理问题）。

通过与学生的谈话，了解小桐在学校的日常生活情况。

通过与科任教师的谈话，了解小桐在课堂上的表现。

通过与家长的谈话，了解小桐的生活环境及家庭状况。

2. 具体计划

这次研究大致分三个循环进行，第一循环是前三周对小桐的自卑问题的了解；第二循环是第4～10周，怎样引导小桐克服自卑，过快乐的校园生活；第三循环则是下半学期，主要是预防小桐再次出现自卑的情况并巩固改良效果。具体计划如表1：

表1　计划研究表

行动	时段	目标	措施
总体计划	2009～2010学年度第一学期	解决小桐生活上的自卑情绪，加强了解小桐的日常生活	把家长、教师组织起来，耐心谈话指导家长改变教育方式，激发小桐在学校生活的积极性。用激励的教育方法督促其改进性格上的自卑性
第一个研究循环	第1～3周	寻找心理根源，为后面的工作铺路。全面调整家庭、学校的教育方式	进行访谈，取得家长信任，全面了解小桐的成长经历。校长及全科任教教师都参与其中，帮助小桐进步
第二个研究循环	第4～10周	把小桐的精力吸引到学习上去。做中期小结，为下一阶段制订目标	采取谈话的方式，消除小桐内心的自卑情绪，以鼓励的方式让小桐投入课堂学习中去。家、校加强沟通，相互检讨上一阶段的教育得失
第三个研究循环	第11～21周	预防小桐出现自卑情绪，巩固既得成果，防止其有反复表现	开主题班会课渲染环境。家、校要更密切留意小桐的变化，必要时加大教育力度

四、实际行动

（一）第一个研究循环

1. 行动

（1）调整家长的教育方式。

向家长介绍科学的教育方法，建议家长多抽出时间对孩子进行教育，并向家长阐明家庭教育的重要性。每周向家长了解家庭教育的情况，及时向家长做出指导，调整教育方式，具体针对小桐在校学习情况提出三个建议：①在学校过得开心，积极锻炼身体；②学会与别人合作、沟通；③培养一到两种兴趣和爱好。希望以此来鼓励小桐，让小桐知道自己很重要。

（2）全科教师参与。

除了语、数、英三科主科教师之外，也把图、音、体、信息、综合、科学等次科教师组织起来，针对小桐的情况，集体调整对他的教育方式，以谈话教育方式为主，希望激发小桐的学习热情。先让他喜欢教师，从而喜欢该教师任教的科目。

（3）家、校之间密切联系。

每两周召集各任教教师、家长、小桐本人，坐在一起讨论小桐最近的学校、家庭表现，进行一个小结。落实下一个两周的具体教育措施。取得家长的同意，各科教师随时与家长保持联系。

2. 反思

（1）家长的协助起到了巨大的作用。

在教师的指导下，父母尽可能多地抽出时间来陪伴孩子，从根本上改变了小桐的生活环境，使得教师在学校的教育不再无从下手，最起码能对小桐做一些心理疏导。小桐本身也感觉到父母对自己的重视，从而有了学习的动力。

（2）全科教师的共同投入引起了足够的重视。

为了教育好一个学生，把这么多教师组织在一起，共同研究如何施教，在其他学校一般是不多见的。学校的这一举措，让家长感受到学校的诚意、教师的真心，促进了家长观点的改变，使家长十分愿意跟学校配合。小桐自己也感觉到了不光是好学生受到教师的重视，自己也是受重视的，进一步有克服自卑的动力。

由于家庭、学校的教育方式改变，小桐受到重视，感觉自己不是无所事事。下一个循环则是把小桐引导到学生中去，尽自己最大的能力去融入班集体，得到同学的认可。

（二）第二个研究循环

1. 分析

第一个研究循环取得初步的成绩，小桐开始改变了，得益于家长的支持、学校的引导和他自己的内在需要。虽然小桐已经有了明显的进步，但对于一个普通学生来说，小桐还有许多不足。第二个研究循环要想取得进一步的成果，就要再深入了解小桐的家庭情况，继续加强家校之间的相互合作。

经过了解，小桐在家里并没有像学校那样自卑，并且能做不少事情，例如，打篮球、长跑等。这说明了小桐有很多的特长，并不像在学校那样一事无成。

2. 行动

（1）鼓励多参加课外活动。

在高中阶段，有很多课外活动来培养学生的兴趣和爱好。在12月中旬，学校举办了语文书法比赛和英语书法比赛，经过教师和同学的鼓励，小桐参加了活动并取得了很好的成绩——语文二等奖、英语三等奖。这使小桐的自信心得到进一步加强。

（2）多参加集体活动。

小桐很喜欢打篮球，班级里还有不少的男生也喜欢，这为小桐融入班集体做了铺垫。学校后来举办篮球比赛，小桐被邀加入我班篮球队，通过比赛时选手之间的竞争与合作，小桐很快就自信起来，并得到一些同学的认可。班级篮球队最后获得了亚军，小桐功不可没。在体育文化节期间，教师和同学鼓励小桐参加运动会，使其能更好地融入学校及班级的大集体中来。小桐为班级争得了许多的荣誉，例如100m米跑第四名和200m米跑第五名。在4×100m男子接力赛中，小桐作为我班第二棒选手表现出色，最后班级获得了冠军。同学们的喜

悦与兴奋使小桐渐渐地远离原来的自卑感，建立了自信。

3. 反思

鼓励小桐参加课外活动在发挥学生特长发面也有重要作用。在普及层次的课外活动中，通过有计划的丰富多彩的活动，使每个学生都能找到发展自己特长的领域，尤其对一些差生（像小桐这样的学生）来说是很重要的。另外，在提高层次的课外活动中，一部分学生可以脱颖而出。国内外许多著名的科学家、学者都有这样的经历：学校教育虽然给他们的发展奠定了坚实的基础，而专业方面的成就，往往是与他们在青少年时代的课外兴趣和活动相联系的，这样就使小桐喜欢上校园的生活及同学。下一个循环则是把小桐引到学习上去，并巩固已经获得的成果。

（三）第三个研究循环

1. 分析

在第二个研究循环中，小桐成功地发生了较大改变，并清楚认识到自己的价值，融入班集体中，获得了同学的认可。下一个循环的研究应把重点调整到小桐的学习上面来。

在这一循环中，学校里起到重要作用的是各位任教教师的密切配合，而家庭教育中父亲的加入使得小桐的教育增添了一份爱，是浓墨重彩的一笔。然而，小桐的行为依然不容乐观，因为仅仅解决了生活上的问题是不够的，而学习上，小桐心里仍然存有阴影，尤其是英语和理科方面。

2. 行动

（1）在学习上的指导和帮助。

小桐在学习英语及数理化方面有很大的困难，尤其是英语和数学。在这一点上，教师和同学一起帮助小桐掌握基本的学习方法。我们根据教学的各个环节，比如预习、听课、记笔记、做实验、做作业和复习小结等，针对每个环节的特点，加以具体指导，让小桐形成良好的学习习惯，这方面的训练，要有一定的计划性和约束性，要在"严"字上下功夫，真正做到落实。另外，针对各个学科的特点，对小桐进行"学习策略"的教育和学法指导，比如，英语单词和词组、数学公式、物理实验、化学实验等。

（2）精神上学会永不言弃。

在上述学科的学习上，小桐可能会再次陷入自卑，产生厌学、退学的心理。针对这样的心理，应家校合作，教师在班里开一个以"永不言弃"为主题的班会课；然后邀请一些事业有成的家长，谈谈他们的创业经历，让学生发表感言及感受，并且发动班里的学生讨论在学习上应有什么样的行动。通过这次整体的班会课，不但班里学生有了"永不言弃"的精神，小桐在这个大的环境下也受到感染，自觉地克服学习上的困难。

此后，教师找其谈心，让他明白，人生在世，难免有些悲伤与不愉，关键是调整好自己的心态，用快乐、轻松的心情去对待生活，不能被学习上的一点困难击倒，不要因一块小小的绊脚石而放弃前面的阳光大道，其实解决的办法很简单，只需要你一点点的努力，抬抬脚就过去了。

3. 反思

这个循环是最为重要的环节，是第一及第二循环的综合，也是此次研究的关键。在小桐有了学习兴趣及融入了整个集体之后，这个环节进行了巩固和综合。小桐也在这一环节从家长及教师这里了解了命运要靠自己去掌握，幸福要靠自己去创造。与其向命运屈服，不如意气风发地在生活的田野上播种希望；与其空等命运的恩赐，不如通过奋斗去摘取生活田园中的果实。

五、反思总结

本次研究从一开始以小桐要退学为索引，到后来发现是家庭教育出现问题，教育的研究方向发生了180°的转变，很能体现行动研究的实践精神，边研究边行动，及时修正原来的研究方向。也说明了教师能尊重科学的态度，按照学生的需要来展开实际的教育行动。家长的大力配合，是小桐得以转变的关键所在，体现出教育并非学校的专利，教育并非教师的单方责任，家长的配合也起着关键性作用。而校长的指导跟支持，对教师是一个强而有力的帮助，让教师可以放心研究，大胆尝试各种教育方法。如果进行后续研究，必定会继续坚持家长、学校、教师三方的合作方式。经过一个学期，三个研究循环下来，小桐有了明显的改变，不只积极认真地去学习，还参加了许多的课外活动。

其实本次研究还没有完全结束，因为，我们只是达到部分预定目标，还没有把小桐的学习成绩提上来。虽然小桐取得了可喜的进步，但他还有很大的提高空间，在接下来的一个学期我们将展开后续的研究。

参考文献

郑希付.中学生心理健康教育案例分析［M］.广州：广东高等教育出版社，2004.

有效辅导临界生，谋求高考新突破

临界生，也就是在高分投档线上下的学生，潜力巨大。对他们进行有效辅导的重要性不言而喻，可以说是高考前的临门一脚。各个学校都高度重视临界生辅导工作，但是，效果往往并不理想，需要更积极地探索有效措施。下面我将谈谈我对于临界生辅导的一点思考与做法。

一、思想引导

先谈话疏导攻心为上，正所谓"亲其师，信其道"，教师应重视与学生的沟通交流，通过谈话及时了解他们的内心世界，及时疏导其情感郁结，打开他们的心结。换句话说，就是要与学生做知心朋友，良好的师生关系，能使很多棘手问题迎刃而解。

根据学校导师制，我分管了几位学生，这几位学生的成绩在班级里都比较靠后。为了更好地了解他们，我把他们叫到办公室来一起聊聊天。刚开始他们并不怎么愿意开口说话，而且他们之间有些已经同班3年，竟然从未讲过话，由此我知道他们是比较内向的学生。因此我让他们互相说对方的一个优点和一个缺点，在这一明确的任务指令下，他们都能开口，并且越讲越起劲。讲完后我问学生的感受，其中有一个男生说感觉很爽，原来只要话题合适，与同学沟通交流并不难。我趁势肯定并鼓励他们多开口，鼓励他们的斗志。后面观察到他们在班级越来越开朗，不再那么拘束。

为了巩固谈话效果，我又找机会拉近与他们的距离。这次我开车带他们到学校周边的广场去走走。我跟学生们边走边聊，关心他们当前的生活学习情

况，了解他们的思想动态，听听他们的未来生涯规划。德胜新城刚竣工的"金凤凰"夜景怡人，视野开阔，学生说在这样的景色中聊天、谈心感觉非常舒畅。

二、知识积累

临界生的基础知识比较薄弱，知识结构不完善，导致成绩忽高忽低，波动性大。所以在临界生转化和管理中，教师要采取有效措施，引导临界生重视基础知识学习，补齐短板。

这个寒假由于疫情原因延长了很多，每天下午我都会通过视频给我的临界生讲解课本基础知识，争取利用假期时间帮学生把课本知识过一遍，从基础抓起，希望正式开学后，他们能跟上全班步伐。化学课本一共四本，目前已经讲解三本，学生反馈非常好，把之前很多最基本的知识捡回来了，在平时做题中已见成效。

三、能力培养

除夯实基础知识之外，还需要拓宽临界生的视野，打开思路，发散思维，切实提升学科素养与能力。如，引导学生对同一问题寻求不同答案，让学生学会从不同的角度观察思考，从不同的方面得出不同的结论。反之，则进行概括归纳，多项同类题型合并等。通过指导实践，让学生学会知识的迁移，训练他们多角度思考问题的能力和灵活运用理论知识的能力。

根据化学的高考考纲，我又分专题给学生讲解各类题型，在讲解中找出该类题目的共性，并要求学生具备的相应能力。比如实验题，我先详细讲解其中典型例题，让学生根据我的讲解提出自己的问题，我一一解答。领入门后，我又马上再讲解同类型的两三道题，对一个题型反复讲，让学生反复接触，一则学生以后遇到同类题型能够非常熟悉，没有畏难情绪，再则通过深度剖析该题型，使学生对该题型的理解也更深刻，提升了该类题型所要求具备的相应能力。如此举一反三、循环反复的方式，临界生们掌握了题型，也大大提升了信心与能力。

四、生涯规划

对临界生的关心，除了当前的学业发展外，还应关心、了解、帮助他们规划好自己的生涯，包括人生规划、职业规划、专业规划和学业规划。同时引导学生做好生涯规划，建立人生规划意识，这样既能够激发学生的内动力，又能作用于当下高考备考。

与临界生的聊天，除了问他们当前的烦恼外，我也会了解他们的未来规划，比如想考什么大学、什么专业，未来工作地点、行业，对人生的理解等，并适当点拨，力所能及地帮助他们。适时地向他们讲解高考填报志愿的注意事项，大学专业的选择，还有进入大学后的多元发展等。还为他们提供了朋辈帮助，介绍往届优秀学生，组织毕业学生现身说法讲述自己的感受、经历、思考，临界生们在亲切从容的朋辈交流中获益匪浅。

通过当前的思想引导，高考备考的知识积累、能力培养，以及未来的生涯规划，"四管齐下"，临界生的成绩与精神风貌都更上一层楼，我也将继续探究、继续努力。希望通过一些行之有效的具体措施，用心做好临界生辅导工作，帮助每位临界生树立应对高考的信心，让他们对生活充满希望。

教 学 实 践

篇

《烷烃与烯烃》教学设计

一、基本说明

（1）教学内容所属模块：《化学》（人教版）选修5《有机化学基础》。

（2）年级：高二年级。

（3）所用教材出版单位：人民教育出版社。

（4）所属的章节：第二章第一节第1课时《烷烃和烯烃》。

（5）教学时间：40分钟。

二、教学目标

1. 知识与技能

（1）了解烷烃、烯烃的物理性质的规律性变化。

（2）了解烷烃、烯烃的结构特点。

（3）掌握烷烃、烯烃的结构特点和主要化学性质。

2. 过程与方法

（1）对比不同类型脂肪烃的结构和性质，培养学生归纳总结的能力。

（2）运用形象生动的实物、模型、课件等手段帮助学生理解概念、掌握概念、学会方法、形成能力。

（3）充分发挥学生的主体性；利用"1+3"学习模式培养学生的观察能力、实验能力、探究能力。

3. 情感、态度与价值观

根据有机物的结构和性质，培养学习有机物的基本方法"结构决定性质、性质决定用途"的思想。

三、内容分析

1. 教材编排

本节课选自《化学》（人教版）选修5第二章第一节第1课时，属于常见有机物的内容，是整个中学有机化学物质类别体系的开端。本节内容既是对《化学》（人教版）必修2第三章第一、二节中甲烷与乙烯知识点的拓展，又为接下来其他有机物物质类别的学习提供了学习方法，具有承前启后的作用。

2. 教学重难点

（1）教学重点：烷烃、烯烃的结构特点和主要化学性质。

（2）教学难点：二烯烃的加成方式；烯烃的顺反异构。

四、学情分析

1. 心理特征

高二学生正处于青春期，叛逆心理让他们对枯燥的说教式课堂十分抗拒，然而，活跃的思维使他们对未知领域的探究具有强烈的积极性。

2. 知识结构

学生已经掌握甲烷和乙烯具备的性质是什么；具有一定的学习有机物物质类别的知识基础。

3. 兴趣动力

高二学生注意力难以长时间集中，但是强烈的好奇心能够有效吸引他们的注意力并激发他们的学习兴趣，特别是与常识相违背的知识点更能有效激发他们的学习热情。

4. 能力基础

学生具有书写化学方程式的基本能力；具有从证据推理得出结论并做出猜测的能力；能运用已学知识去思考和分析问题。

五、设计思路

本节课的教学流程如图1所示。

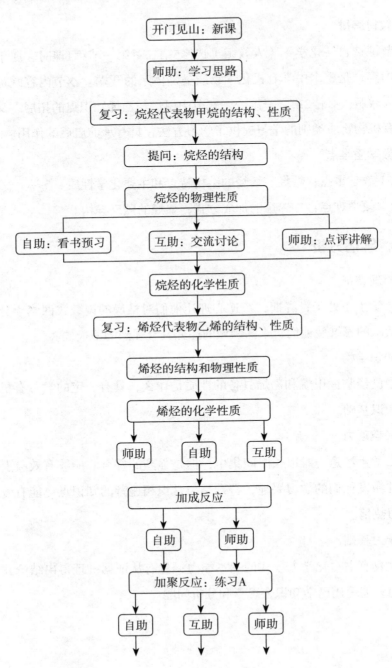

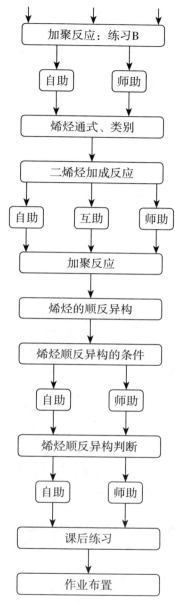

图1 学习模式教学流程图

六、教学过程

本节课的教学过程如表1所示。

表1　教学过程表

教学环节	教师活动	学生活动	设计意图	时间分配
引入	师助：同学们，面对新接触到的事物时通常会有对应的说明书指导我们如何做。今天我们将开始有机物类别的系统学习，老师这里有一张学习有机物的方法说明书： 发现→代表物→推广 代表物→结构、物理性质、化学性质 让我们在今天的学习中一起体验一下这种学习思路吧	笔记与思考：	为学生搭建学习有机物的基本学习思路，以一推十。培养学生的学科核心素养	2min
复习回顾	过渡：同学们在高一的时候已经学习了甲烷和乙烯，有哪些同学还记得甲烷的性质吗？ 甲烷：（自助） 1.结构特征（无官能团）。 2.物理性质。 3.化学性质（取代反应）（动画辅助）	展示： ① 关于甲烷结构的不同表达方式。 ② 甲烷的色味态以及收集的方法。 ③ 燃烧、取代与分解反应	由学生自主展示已学知识，既是检测又是为接下来的学习做好进阶的准备	4min
推广应用	烷烃： 一、结构 模型观察：请同学们观察一下正戊烷的球棍模型，并和小组成员合作回答以下问题。（自助与互助） ① 碳原子形成几个共价键？ ② 碳碳单键是否可以转动？ ③ 烷烃的立体结构是什么？ 自助：烷烃的定义是什么？ 师助：烷烃的通式是什么？	观察与讨论： ①4个共价键。 ② 碳碳单键可以转动。 ③ 烷烃的立体结构是四面体。 笔记与思考：	化抽象为形象，利用模型让学生讨论总结烷烃的结构特征，并得出相应的规律	5min
	过渡：结构决定性质，那么烷烃的物理性质有什么特征和规律呢？		提出疑问，引出下一个教学重点	

教学环节	教师活动	学生活动	设计意图	时间分配
推广应用	二、物理性质 自助：请根据教材28页的要求在坐标图中画出碳原子数与沸点或相对密度变化的曲线图。 （沸点/℃ 坐标图：纵轴 400.0、300.0、200.0、100.0、0、−100.0、−200.0；横轴 碳原子数目 1 2 4 5 9 11 16 18） （相对密度/(g·cm⁻³) 坐标图：纵轴 0.80、0.75、0.70、0.65、0.60、0.55、0.50、0.45、0.40；横轴 碳原子数目 1 2 4 5 9 11 16 18） 提问：你能从曲线中获取什么信息？	作图： 互助讨论： 1. 由碳原子数与沸点图可得 ① 沸点随碳原子数增加而升高； ② 物质状态与碳原子数之间存在关系。 2. 由碳原子数与相对密度图可得 ① 相对密度随碳原子数增加而升高； ② 烷烃密度都小于水	让学生体验数据转化为图像的过程，并培养学生的读图能力与分析能力	4min
	过渡：烷烃的化学性质是否也有一定的规律可循呢？根据学习前老师介绍的有机物学习思路，你的猜测是什么？	思考与讨论： 1. 氧化（燃烧）反应。 2. 取代反应。 3. 分解反应	让学生由已有的证据推测未知的物质性质，培养其结构决定性质的思想	1min
	拓展：（师助） 1. 烷烃的燃烧通式推导。 2. 取代反应中关于量的考查		对学生的知识网络进行有效的补充	2min

续　表

教学环节	教师活动	学生活动	设计意图	时间分配
复习回顾	过渡：同学们已经从甲烷推出了烷烃类物质的性质，如果现在请你按照这样的学习思路来学习烯烃，你会想到什么物质呢？	回答：乙烯	启发学生运用类比的方法学习烯烃这一类物质	
	乙烯：（自助） 1. 结构特征（官能团为碳碳双键）。 2. 物理性质。 3. 化学性质（加成反应）（动画辅助）。 4. 拓展：乙烷与乙烯的除杂与鉴别方法（播放视频） ① 能否用酸性高锰酸钾溶液鉴别？ ② 能否用酸性高锰酸钾溶液除去乙烷中的乙烯？ （图）	展示： 1. 关于乙烯结构的不同表达方式。 2. 乙烯的色味态以及收集的方法。 3. 燃烧、加成、加聚反应。 观看视频并回答： 1. 能 2. 不能	通过视觉加深学生对于乙烷与乙烯的除杂鉴别方法的理解	4min
推广应用	一、单烯烃： 1. 定义与通式：分子里含有一个碳碳双键的不饱和链烃（C_nH_{2n}）（$n \geq 2$） 2. 物理性质。 3. 化学性质： （1）氧化反应（引出燃烧通式）。 拓展烯烃氧化规律： | 烯烃被氧化的部位	$CH_2=$	$RCH=$	$\begin{array}{c} R_1-C= \\ \mid \\ R_2 \end{array}$
---	---	---	---
氧化产物	CO_2	$RCOOH$	$\begin{array}{c} R_1-C=O \\ \mid \\ R_2 \end{array}$ | （2）不对称单烯烃的加成。 提问：请你写出丙烯与氯化氢加成反应的方程式，并思考产物有几种结构	互助讨论： 1. 单烯烃的物理性质：沸点与密度随原子数的增加而升高。 2. 丙烯与氯化氢加成的产物有两种，但到底哪种是主要产物呢？	利用学生对乙烯的了解，构建单烯烃和二烯烃的知识网络，培养学生对知识的延伸与联想对比能力	8min

126

教学环节	教师活动	学生活动	设计意图	时间分配
	师助：马氏规则。 （3）加聚反应方程的书写。 师助：演练练习一。 A. CH_2＝$CHCH_2CH_3$ 自助：请你来小试牛刀。 B. CH_3CH＝$CHCH_2CH_3$	模仿与练习： 完成小试牛刀习题		8min
推广应用	二、烯烃： 1. 分子里含有两个碳碳双键的链烃叫作二烯烃（C_nH_{2n-2}）（$n \geq 4$） 2. 二烯烃的种类有哪些？ 3. 以1，3-丁二烯为例，探究加成反应的可能产物（互助讨论）。 提问：你能否推演一下1，3-丁二烯的1，4加成机理？（视频与动画） $n\ CH_2$＝C—CH＝CH_2 $\xrightarrow{\text{催化剂}}$ 　　　　│ 　　　　CH_3 $\left[\!\!\begin{array}{c} CH_2\text{—}C\text{=}CH\text{—}CH_2 \\ \ \ \ \ \ | \\ \ \ \ \ CH_3 \end{array}\!\!\right]_n$	互助讨论： 1.1，2加成。 2.1，4加成。 小组展示：	通过机理加深学生对加聚反应的理解，并且学会适当地变式	4min
拓展补充	过渡：同学们请看这两种烯烃，它们是不是同一种物质呢？ H_3C　　　　CH_3 　　$\diagdown C=C \diagup$ H　　　　　H H_3C　　　　H 　　$\diagdown C=C \diagup$ H　　　　　CH_3 那么它们之间属于什么样的同分异构呢？	回答：不是同一物质，因为碳碳双键不能旋转。 它们属于顺反异构	引起学生的认知冲突	
	顺反异构： 1.定义： 什么时候是顺式，什么时候是反式？	讨论并思考： 1.顺反异构的条件： ①具有碳碳双键；	通过一系列概念的对比学习，让学生学会判断顺反异构	4min

续表

教学环节	教师活动	学生活动	设计意图	时间分配
拓展补充	2. 形成条件（判断下列烯烃有无顺反异构）： 【判断】下列物质是否存在顺反异构 $\overset{a}{\underset{b}{}}C{=}C\overset{a}{\underset{b}{}}$ √　　$\overset{a}{\underset{b}{}}C{=}C\overset{a}{\underset{d}{}}$ √ $\overset{a}{\underset{a}{}}C{=}C\overset{a}{\underset{b}{}}$ ×　　$\overset{a}{\underset{b}{}}C{=}C\overset{d}{\underset{d}{}}$ × 3. 性质差异： 化学性质大致相同，物理性质有差异	②组成双键的每个碳原子必须连接两个不同的原子或原子团。 2. 两个相同的原子或原子团排列在双键的同一侧的称为顺式结构；两个相同的原子或原子团排列在双键的两侧的称为反式结构		4min
小结	 （见下表）	笔记与思考：	将知识点表格化，帮助学生更好地记忆	
习题巩固	【练习1】 顺式视黄醛　　　反式视黄醛 【练习2】下列分子中存在顺反异构现象的是（D） A. $CH_2{=}CHCH_3$ B. $CH_3CH_2CH_2CH_3$ C. $CH_3CH{=}C(CH_3)_2$ D. $CH_3CH{=}CHCH_3$	思考并回答：	加深学生对顺反异构知识点的掌握与理解	2min

小结表格：

烃的类别	结构特点	代表物	主要化学性质
烷烃	碳碳单键、H饱和	CH_4	①氧化（燃烧）反应；②取代反应；③分解反应
烯烃	碳碳双键、H不饱和	$CH_2{=}CH_2$	①氧化反应（与O_2、$KMnO_4$反应）；②加成、加聚反应

七、教学反思

（1）由于该班的化学老师原来主要是以"讲"为主，今天我利用"1+3"学习模式，学生很兴奋，充分激发了学生学习的欲望，学生在课堂中不仅独立思考，还在小组互助讨论过程中与组员碰撞出了思维上的火花，学生真正成为课堂的主体，学生非常喜欢，下课后还有几个同学问我什么时候再去给他们上课。本节课教师作为引导者，通过设置一系列层次递进的问题链，给学生搭建"跳一跳，够得到"的发展区，体验思考之后的成就感，从而调动学生的学习兴趣。

（2）充分利用多媒体技术、模型和图像，将抽象的有机反应机理、有机物结构以及烦琐的数据转化为形象的动画、摸得到的模型和具有一定趋势的曲线图，让学生在理解的基础上对知识进行内化与升华。

（3）去肇庆广宁中学送课下乡时，开始对学生不是很了解，而且之前是贵校的领导与我校另一位历史学科教师沟通，到了广宁中学的前一晚上该班的化学老师才告诉我，他们没有上高一必修2有机部分，高二只是匆匆讲了一点点的烷烃和烯烃的知识，所以第二天上课的进度比我预设的要慢一点，而且拖了2分钟，不过学生配合得很好，听课的领导和师生反映效果不错。

《羧酸酯（第一课时）》教学设计

一、教学目标

1. 知识与技能

认知羧酸的官能团以及分类，理解乙酸的分子结构与其性质的关系，培养问题和实验探究的方法。

2. 过程与方法

体验科学探究的过程，强化科学探究的意识，促进学习方式的转变，能够发现和提出有探究价值的化学问题，敢于质疑，勤于思索，逐步形成独立思考的能力。

3. 情感态度与价值观

发现学习化学的乐趣，乐于探究物质变化的奥秘，体验科学探究的艰辛和喜悦，感受化学世界的奇妙与和谐，有将化学知识应用于生活实践的意识。

二、教学重难点

（1）探究重点：乙酸的结构特点和主要化学性质。

（2）探究难点：乙酸的酯化反应的基本规律。

三、教学方法

问题和实验探究、讨论、激励、启发式和多媒体教学等。

四、教学流程

本节课的教学流程如图1所示。

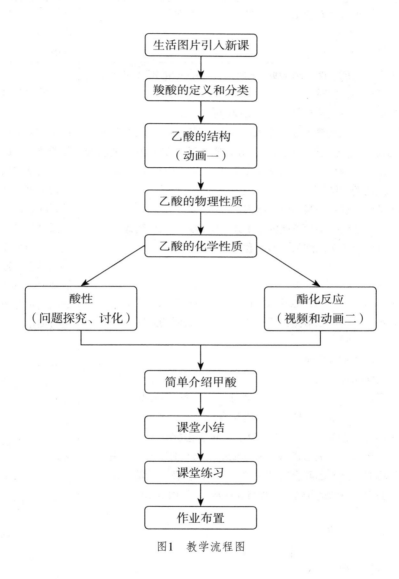

图1 教学流程图

五、教学过程

本节课的教学过程如表1所示。

表1 教学过程表

教学环节	教学过程	设计意图
引入	图片展示自然界和生活中常见的几种有机酸	新课导入，从生活走进化学，激发学生的兴趣
新课	（组织阅读）课本第60页，归纳、总结羧酸的定义和分类。 电子板书：羧酸 1. 定义：由烃基和羧基相连组成的有机物。 2. 分类：按所含的羧基个数，分为一元羧酸、二元羧酸和多元羧酸。根据烃基的不同，分为脂肪酸，如乙酸、硬脂酸（$C_{17}H_{35}COOH$）和芳香酸（苯甲酸、C_6H_5COOH） 一、乙酸的结构 （动画）展示乙酸的分子结构。 （学生活动）书写乙酸的分子式、结构式、结构简式。 （师生分析）乙酸的官能团和组成 （思考）乙酸的核磁共振氢谱图（课本第60页）中有几个吸收峰？其比例是多少？请指认出两个吸收峰的归属 二、乙酸物理性质 （组织阅读） 乙酸是____色的____体，具有____气味，沸点____，熔点____，与水、酒精以任意比互溶。 （问题）想象：在寒冷的冬天，乙酸会怎样？ （知识应用）无水乙酸又称冰醋酸（熔点16.6℃）。在室温较低时，无水乙酸会凝结成像冰一样的晶体。请简单说明在实验中若遇到这种情况，你将如何从试剂瓶中取出无水乙酸 三、化学性质 （分析结构）$CH_3-\overset{\overset{\displaystyle O}{\|}}{C}-OH$ 1. 弱酸性 （学生活动）书写乙酸的电离方程式。	培养学生的自学能力 1. 通过动画再现乙酸分子模型，深化学生对乙酸结构的认识。 2. 通过书写强化化学用语的表达。 3. 通过从基团组合形成分子的角度进一步深化学生对乙酸结构的理解，以此为"官能团决定性质"的思想做铺垫 培养学生认识核磁共振氢谱图和处理信息的能力 通过乙酸的低熔点这个性质，培养学生发现问题、分析问题、解决问题的能力 进一步引导学生采用"由结构到性质"的思想学习有机物

教学环节	教学过程	设计意图
新课	$$CH_3COOH \underset{1}{\overset{}{\rightleftharpoons}} CH_3COO^- + H^+$$ （迁移和提高）某小组同学为探究乙酸的酸性，设计了如下实验，请帮忙完成以下实验报告： | 方案	主要操作	现象
1	往乙酸溶液中加紫色石蕊	
2	往乙酸溶液中加入镁条	
3	往Na_2CO_3溶液中加入乙酸溶液	
4	滴有酚酞的NaOH溶液与乙酸溶液混合	| （科学探究）课本第60页： 乙酸 碳酸钠固体 饱和碳酸氢钠溶液 苯酚钠溶液 问题： ① 本探究实验的目的是什么？ ② 本探究实验的原理是什么？ ③ 按照从左到右的原则，各接口连接的正确顺序是怎样的？ ④ 本实验能否按照下图装置进行操作？为什么？ CH_3COOH D E F G J Na_2CO_3 饱和$NaHCO_3$溶液 苯酚钠溶液	实验复习；学习讨论；迁移提高。 通过问题探究，师生互动，培养学生科学实验、发现问题、分析问题和解决问题的能力

教学环节	教学过程	设计意图
新课	反应分析： $Na_2CO_3 + 2CH_3COOH \longrightarrow 2CH_3COONa + CO_2\uparrow + H_2O$ 苯酚钠 $+CO_2+H_2O \longrightarrow$ 苯酚 $+NaHCO_3$ 结论：酸性排序为 $CH_3COOH > H_2CO_3 > C_6H_5OH$ 想一想：这个实验能说明乙酸是弱酸吗？为什么？怎么证明？ 2.乙酸的酯化反应 实验演示：乙酸与乙醇的酯化反应的视频。 （分析）酯化反应的脱水方式： 可能一： $CH_3COOH + HOCH_2CH_3 \underset{\triangle}{\overset{浓硫酸}{\rightleftharpoons}} CH_3COOCH_2CH_3 + H_2O$ 可能二： $CH_3COOH + HOCH_2CH_3 \underset{\triangle}{\overset{浓硫酸}{\rightleftharpoons}} CH_3COOCH_2CH_3 + H_2O$ （动画演示）同位素示踪法验证酯化反应。 （结论）酯化反应的实质：酸脱羟基、醇脱氢 四、巩固练习 1.酯化反应属于（　　　）。 A. 中和反应　　　　　　　B. 可逆反应 C. 离子反应　　　　　　　D. 取代反应 2. 若乙酸分子中的氧都是 ^{18}O，乙醇分子中的氧都是 ^{16}O，二者在浓 H_2SO_4 作用下发生反应，一段时间后，分子中含有 ^{18}O 的物质有（　　　）；含 ^{16}O 的物质有（　　　），生成水的相对分子质量是 _____ 。 A. 1种　　　　B. 2种　　　　C. 3种　　　　D. 4种	培养学生的辩证思维及激发学生的求知欲 由于这个实验在必修2中做过，通过视频复习再现，加深印象 用3D动画演示验证酯化反应同位素示踪法，直观形象，使学生加深对反应机理的认识 通过练习反馈，及时检查学生掌握该知识点的情况

教学环节	教学过程	设计意图
新课	甲酸：俗称蚁酸。 结构特点：既有羧基又有醛基。 化学性质 { 羧基：酸性，酯化反应 醛基：氧化反应（如银镜反应）	
课堂小结	1. 先分析乙酸的结构，总结乙酸的化学性质； 2. 将甲基换成烃基或氢，总结羧酸的性质。 羧酸的化学性质：①酸性；②酯化反应	总结由乙酸到羧酸的性质，培养学生由点到面的学习方法
课堂练习	1.（巩固练习）请写出下列化学方程式： （1）HCOOH与CH₃CH₂OH反应 （2）足量的CH₃COOH与HOCH₂CH₂OH反应 （3）乙二酸与乙二醇按物质的量比1：1反应 2.（能力提升）请用一种试剂鉴别下面有机物。 （1）乙醇、乙醛、乙酸； （2）乙醇、乙醛、乙酸、甲酸	夯实基础，提高能力，同时培养学生的发散思维
作业布置	完成课本第63页2、3、4题	
教学反思	烃的衍生物是有机化学的重要组成部分，在有机合成中，是重要的中间体。烃的衍生物的知识在烃与糖、蛋白质和高分子化合物之间起着承上启下的作用。本章知识是中学有机化学的重点知识。 本章包含的内容较多，有卤代烃、醇、酚醛、羧酸和酯，以及有机物分子式和结构式的确定方法，所以教学时突出官能团的作用，强调官能团与性质的关系，这样学过的知识自成系统，每种官能团的性质可以通过其中一种典型物质加以理解记忆。 烃的衍生物知识密度大，涉及面广，关系复杂，学生在实际学习的过程中，对这部分知识往往是说起来容易做起来难，所以要引导学生去梳理知识，构建知识网络，培养学生应用、迁移知识的能力。 通过典型例题的讲评，让学生从不同的方面来消化和吸收知识，学生通过实际问题的解决来提高灵活运用知识的能力，掌握解题思路和解题方法	

《盐类的水解（第一课时）》教学设计

一、教学目标

1. 知识与技能

（1）认识盐类水解的本质和基本类型，能正确书写盐类水解方程式。

（2）理解盐类水解对溶液酸性、碱性的影响及变化规律。

2. 过程与方法

（1）通过实验并运用归纳法分析盐类的组成及盐溶液酸碱性对应的关系。

（2）以水的电离平衡为基础，认真分析盐电离出的阴、阳离子与水电离出的 H^+ 或 OH^- 结合成弱酸或弱碱的趋势。明确不同盐溶液呈现不同酸碱性的本质原因。

3. 情感态度与价值观

发现学习化学的乐趣，乐于探究物质变化的奥秘，体验科学探究的艰辛和喜悦，有将化学知识应用于生活实践的意识。

二、教学重难点

（1）教学重点：盐类水解的本质。

（2）教学难点：盐类水解方程式的书写。

三、教学方法

问题和实验探究、讨论、激励、启发式和多媒体教学等。

四、教学设计

本节课的教学流程如图1所示。

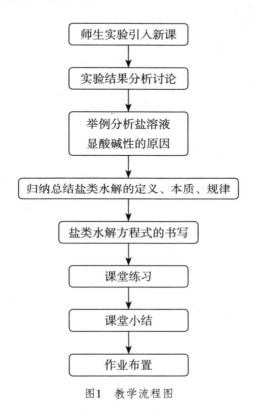

图1　教学流程图

五、教学过程

本节课的教学过程如表1所示。

表1　教学过程表

教学环节	教学过程	设计意图
引入	科学探究（课本第54页） 演示实验（教师与学生共同完成）	新课导入，通过师生实验探究，从学生比较熟悉的盐类物质入手，激发学生的兴趣

续 表

教学环节	教学过程	设计意图
新课	电子板书：盐类的水解 一、探究盐溶液的酸碱性 实验结果统计分析及推理： 预测：$Al_2(SO_4)_3$、KNO_3的水溶液分别显什么性？ 讨论：盐溶液的酸碱性与生成该盐的酸和碱的强弱有什么关系？ 1. 强碱弱酸所生成的盐的水溶液呈碱性； 2. 强酸弱碱所生成的盐的水溶液呈酸性； 3. 强酸强碱所生成的盐的水溶液呈中性。 归纳一句话：谁强显谁性 资料卡片： 弱碱：除NaOH、KOH、Ba（OH）$_2$、Ca（OH）$_2$以外的碱。 弱酸：除HCl、H_2SO_4、HNO_3、HBr、HI、$HClO_4$以外的酸 二、盐溶液呈现不同酸碱性的原因 探讨与交流：师生共同分析CH_3COONa、NH_4Cl溶液分别显碱性、酸性的原因 结合CH_3COONa和NH_4Cl的水解机理，分析归纳。 （归纳）盐类水解的定义： 在盐溶液中，盐电离出的离子（弱酸阴离子或弱碱阳离子）跟水所电离出的H^+或OH^-结合生成弱电解质分子的反应就叫作盐类的水解	通过对实验结果的分析，培养学生发现问题、分析问题和处理信息的能力 培养学生归纳、总结的能力 通过资料卡片为学生后面的学习打下基础 这是本节课的精华，通过师生共同分析CH_3COONa、NH_4Cl溶液分别显碱性、酸性的原因，让学生真正理解盐类水解的实质，同时培养学生的分析、逻辑推理能力

实验结果表格：

测试对象	溶液酸碱性	生成该盐的酸和碱		盐的类型
		酸	碱	
CH_3COONa				
Na_2CO_3				
$NaHCO_3$				
NH_4Cl				
（NH_4）$_2SO_4$				
$NaCl$				
Na_2SO_4				

教学环节	教学过程	设计意图
新课	小结：盐类水解的条件、实质和规律。 水解的条件：盐溶液中要有弱酸阴离子或弱碱阳离子生成弱电解质。 水解的实质：破坏了水的电离平衡，促进了水的电离。 水解的规律：谁弱谁水解，谁强显谁性，无弱不水解，都强显中性 温馨提示：盐类水解程度一般很小 练习： 下列哪些离子能发生水解？ Ba^{2+}、Al^{3+}、NH_4^+、H^+、Cu^{2+}、OH^-、CO_3^{2-}、SO_3^{2-}、SO_4^{2-}、S^{2-}、HS^-、HCO_3^-、ClO_4^-、ClO^-、HPO_4^{2-} 思考：盐类水解反应与中和反应的关系如何？ （组织学生观察下面两个反应） $$CH_3COONa+H_2O \longrightarrow CH_3COOH+NaOH$$ $$CH_3COOH+NaOH \longrightarrow CH_3COONa+H_2O$$ （结论）酸+碱 $\rightleftharpoons$ 盐+水（互为可逆反应） 三、水解方程式的书写注意事项 （教师讲解） 1. 判断盐类组成中是否有弱酸阴离子或弱碱阳离子，与水分子电离产生的 H^+ 或 OH^- 结合。 2. 水解反应是可逆反应，一般书写时用"$\rightleftharpoons$"符号。 3. 一般盐类水解程度很小，生成的弱酸弱碱浓度很小，通常不生成气体或沉淀，书写时产物后不用"↑""↓"符号。 4. 多元弱酸生成的盐水解时，生成多元弱酸的过程分步表示；但是多元弱碱生成的盐水解过程用一步表示，如 $$Fe^{3+}+3H_2O \rightleftharpoons Fe(OH)_3+3H^+$$ 5. 注意配平方程式时应遵循质量和电荷守恒 练习： 例1：书写下列物质水解的离子方程式： NaF、Na_2CO_3、$AlCl_3$、（NH_4）$_2SO_4$	让学生自己归纳盐类水解的定义，加深对盐类水解条件、实质和规律的理解 通过练习反馈，巩固知识，及时检查学生掌握该知识点的情况 培养学生观察、处理信息的能力 这是本节课的一个难点，由于学生已经学过化学方程式、离子方程式、热化学方程式的书写，所以老师在这里直接将水解方程式的书写注意事项教给学生，重点是介绍它与其他方程式不同的地方。 通过例题讲解帮助学生处理水解方程式书写的"突发事件"，解决学生书写中真正的困难，同时培养学生主动学习的能力

教学环节	教学过程	设计意图
课堂小结	1. 盐类水解的定义； 2. 盐类水解的条件； 3. 盐类水解的实质； 4. 盐类水解的规律； 5. 水解方程式的书写	总结盐类水解的定义、条件、实质、规律及水解方程式的书写，培养学生由点到面的学习方法
课堂练习	课堂练习一： 见下表 课堂练习二： 1. 下列溶液pH小于7的是（　　　　）。 A. 溴化钾　　　　　　　B. 硫酸铜 C. 硫化钠　　　　　　　D. 硝酸钡 2. 下列溶液能使酚酞指示剂显红色的是（　　　　）。 A. 碳酸钾　　　　　　　B. 硫酸氢钠 C. 碳酸氢钠　　　　　　D. 氯化铁 3. 下列离子在水溶液中不会发生水解的是（　　　　）。 A. NH_4^+　　B. SO_4^{2-}　　C. Al^{3+}　　D. F^- 课堂练习三： 请写出下列物质的水解方程式，并将它们改写成离子方程式： $CuCl_2$、Na_2S	夯实基础，提高能力，同时培养学生的发散思维
作业布置	完成《学海导航》本节第一课时	

课堂练习一中的表：

类型	实例	是否水解	水解的离子	生成的弱电解质	溶液的酸碱性
强酸弱碱盐	NH_4Cl				
强碱弱酸盐	CH_3COONa				
强酸强碱盐	$NaCl$				
弱酸弱碱盐	$(NH_4)_2S$				

《基本营养物质（第一课时）》教学设计

一、学生知识储备

（1）学生有一定的生活经验，生病时注射或输入葡萄糖，食用白糖、红糖、冰糖等。学生知道大米、面粉、玉米的主要成分是淀粉吗？是否知道淀粉、纤维素属于糖类？

（2）在初中化学学习中，课程标准的要求为了解对生命活动具有重要意义的有机物（如糖、淀粉、油脂、氨基酸、蛋白质、维生素等），包括组成元素（淀粉、葡萄糖、蔗糖等的化学式）、存在方式、在生命活动中的作用。在人体组织里，会发生化学反应，如$C_6H_{12}O_6 + 6O_2 \longrightarrow 6CO_2 + 6H_2O$，在上述反应中，每克葡萄糖约放出17.2 kJ的能量，在人类食物所供给的总能量中，有60%～70%来自糖类。

二、教学设想

糖类、油脂和蛋白质的结构复杂，学生已有知识还不足以从结构角度认识糖类、油脂和蛋白质的性质，课程标准只要求从组成和性质上认识。因此，我在设计本节课时，从学生已有的生活经验出发，归纳梳理其对糖类的认识，通过演示实验了解糖类特征反应。在此基础上，组织学生设计实验验证淀粉水解的产物以及探究淀粉水解是否完全。意在控制教学的深广度的同时，重视过程与方法，让学生在获取知识的过程中，能力得到锻炼，思维得到发展。

三、教学目标

（1）知道葡萄糖、蔗糖、淀粉、纤维素都属于糖类。

（2）能写出葡萄糖的结构简式；知道葡萄糖能与新制的氢氧化铜反应，知道淀粉在酸或酶的催化下可以逐步水解，最终生成葡萄糖。

（3）了解糖类在生产、生活中的应用。

（4）学会运用观察、实验、分析、比较等方法对获取的信息进行加工；感受化学科学与个人生活、生产和社会发展的密切关系，关注与化学有关的社会问题，初步形成可持续发展的思想。

四、教材分析

本课题内容预计2课时完成。人教版教材是按两部分展开的：①糖类、油脂、蛋白质的性质；②糖类、油脂、蛋白质在生产、生活中的应用。第1课时完成内容①的大部分，第2课时完成新课教学，并进行适当的巩固练习。这种安排，有利于突出糖类、蛋白质的特性。但是，第1课时内容量可能过大，不易发挥学生的主体作用。若改变授课方式，第1课时可以完成糖的教学，第2课时完成蛋白质与油脂的教学。这样安排，则对于学生形成相对系统的知识体系较有优势。本节课，主要完成有关糖的教学。

增加检验淀粉是否水解完全的实验设计。对于多数学生而言，知道碘遇淀粉变蓝，知道葡萄糖能与新制的氢氧化铜反应产生砖红色沉淀，知道淀粉能发生水解且水解的最终产物是葡萄糖。但是，并不是每一位学生都能设计实验证明淀粉是否水解完全了。因为，前者是知识的碎片，而后者是知识的综合应用。学生的综合应用能力的培养与提高，不是单靠教师的说教就能完成，而是需要在具体的问题情境中逐步培养。这就是本实验设计的价值所在。

五、教学重难点

（1）教学重点：糖类组成的特点；糖类的主要性质；实验设计能力的培养。

（2）教学难点：葡萄糖与弱氧化剂氢氧化铜的反应。

六、实验用品

葡萄糖、10%葡萄糖溶液、10%氢氧化钠溶液、5%硫酸铜溶液、碘酒、淀粉、淀粉溶液、稀硫酸，烧杯、试管、试管夹、胶头滴管、酒精灯。

七、教学方法

讲授法、讨论法、实验探究法等。

八、教学步骤

1. 引入

通过视频《舌尖上的化学》激发学生对基本营养物质学习的欲望，意在激发学习兴趣，进入学习主题。

2. 自主学习研讨

旨在培养学生阅读能力和信息处理能力。

活动一： 阅读教材第78页，分析表1，完成表格：

表1　糖类物质的分类和化学组成

分类	元素组成	代表物名称	代表物分子式	代表物间的关系
单糖				
双糖				
多糖				

活动二： 观察葡萄糖和果糖的结构式，找出两者的差异（从官能团的角度分析）。

葡萄糖的官能团：_____。

进一步通过实验探究来激发学生兴趣，提高其动手能力，培养学生质疑和探究精神。

活动三：通过实验探究葡萄糖、淀粉的特征反应和蔗糖的水解反应。

实验探究1：探究葡萄糖溶液与新制的氢氧化铜溶液的反应，填写表2。

表2　葡萄糖溶液与新制的氢氧化铜溶液反应实验表

实验内容	实验步骤	实验现象
葡萄糖溶液与新制氢氧化铜溶液反应	1. 取2mL 10%葡萄糖溶液于试管中。 2. 加入新制的氢氧化铜溶液（配制操作：向试管加入2mL 10% NaOH溶液，再滴入5滴5% $CuSO_4$溶液）。 3. 加热。注意试管口不要对人	

拓展：图片展示葡萄糖溶液与银氨溶液反应。

实验小结：葡萄糖的特征反应。

实验探究2：探究淀粉的特征反应，填写表3。

表3　淀粉的特征反应实验表

实验内容	实验步骤	实验现象
淀粉与碘反应	将碘酒滴到一片土豆（或面包）上	

实验小结：淀粉遇碘变蓝。

实验探究3：蔗糖的水解反应。

设计图1所示的实验图，探究蔗糖的水解反应。

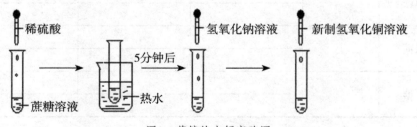

图1　蔗糖的水解实验图

现象：_____。

结论：_____。

水解方程式：_____。

实验证明：双糖和多糖在稀酸的催化下可以水解成单糖。

淀粉的水解方程式：_____。

3. 课堂小结

写大纲，留空白，培养学生归纳总结能力。

4. 迁移应用

学以致用，培养学生知识迁移能力。

（1）根据所学知识，医疗上可以采用什么方法检验糖尿病患者的病情？

（2）方志敏同志曾经在监狱中用米汤给鲁迅写过信，鲁迅是如何看到信的内容的？

5. 设计实验

证明淀粉是否水解和是否水解完全。

设计这个实验，既能巩固本节课的核心知识，又能培养学生设计实验进行综合性思考问题的能力。

（设计意图：探究性学习是以问题为导向的，把教学内容进行整合和转化，使之情境化、问题化，能够激发学生探究的热情与兴趣，这是重建教学内容的重要标志）

6. 作业布置

（1）上网查询有关糖类在生产和生活中的重要应用，尝试做个舌尖上的化学视频。

（2）完成《步步高》第三章训练7。

九、板书设计

基本营养物质（第一课时）

一、糖类的分类、组成

二、糖类的化学性质

1. 糖类的特征反应

2. 糖类的水解反应

十、课后反思

本节课学生表现出色，整堂课中学生参与学习活动非常积极，具有较强的问题意识，课后，不少学生意犹未尽，围着我问这问那。整节课流畅自然，后半段组织学生设计实验，学生的总体发挥也较好。

我认为本节课有四大亮点：

1. 本节课能密切联系生活

《普通高中化学课程标准（2017年版）》在"课程理念"部分指出，注意从学生已有的经验出发，让他们在熟悉的生活情景中感受化学的重要性，了解化学与日常生活的密切关系，逐步学会分析和解决与化学有关的一些简单的实际问题。因为本节课介绍的是基本营养物质，它们本身就与生活息息相关，是生活中常见的物质。如通过视频《舌尖上的化学》引入，又如在介绍完葡萄糖特征反应后，就让学生思考：能否用你学过的知识设计一个实验，证明某人是否得了糖尿病？这种联系生活的教学使学生能够运用化学知识来解决生活上的问题，也使学生明白化学与生活是息息相关的，提高学生对化学及与化学有关的生活问题的认识，也提高了学生学习化学的兴趣。

2. 将化学课堂上教师演示实验变为学生演示实验

化学是一门以实验为基础的自然学科。化学演示实验在化学学科的素质教育中有着不可代替的作用。通过演示实验，可以培养学生规范化的操作能力、观察能力、抽象思维能力、创造思维能力、综合分析能力和科学实验的态度等。而将教师演示转换成学生演示，除了能够强化以上作用外，还可以调动学生参与课堂的积极性，促使学生在课前深入预习，培养学生学习化学的兴趣。

3. 课堂小结采用教师提供提纲、学生反思小结的方式

在课堂小结这一环节，本节课采用教师提供提纲、学生反思小结的方式。课堂小结是对整节课的梳理和归纳，将课堂小结的时间交给学生，充分体现了在教学中以学生为主体，不仅可以培养学生的归纳能力，而且可以鼓励学生积极思考，有利于学生理解、记忆、掌握课堂教学内容，同时也是教师了解学生掌握知识情况的一种重要途径。教师在课堂上一直用这样的小结方式，也会促使学生形成自己小结的学习习惯，使他（她）每接触一个新知识都会主动进行小结，将其内化为自己的知识，同时也会促使学生提高在课堂上学习的专注程度，这样就能大大地提高课堂的教学效率。

4. 课后作业

作业，作为教与学互动的重要形式，对学生知识的掌握、能力的形成、兴趣的培养和个性的发展均有不可替代的作用。读书作业、课后作业和课后练习都是为了使学生掌握知识，培养学生的能力。而实践活动就是为了培养学生的兴趣和发展学生的个性。这一类型的作业不仅可以提高学生学习化学的兴趣，也加深了学生对化学的了解，同时使他们的个性得到充分发展，培养了他们的综合能力。本节课的实践活动题目："上网查询有关糖类在生产和生活中的重要应用；尝试做个舌尖上的化学视频。"这一课题是需要调查的，调查有很多种形式，问卷法、访谈法等，在调查过程中怎样去实施，需要学生自己去思考，自己去选择，这些无不体现了学生的个性以及他（她）的能力，同时也很大程度上提高了他（她）的综合能力。

在这四个亮点中，无不体现了"以学生为主体"的思想。"以学生为主体"，这是目前世界上先进教育思想在学校育人工作中的具体体现，教师的"教"是为了"不教"，学生的学习和成长从根本上说取决于在校期间自主发展的空间和维度，取决于学生主体作用的发挥程度。当然这仅仅是一个探索"以学生为主体"的教学模式的开端，在以后的课堂教学中要将这种思想充分地体现，创设适合学生全面素质提高和个性自由发展的最佳环境，使学生个性充分自由而全面地发展。

本节课也有需要改进的地方：①个别提问和集体提问要有机结合，在整个课堂上，都是偏向于集体提问；②生成性教学资源未能抓住，当学生实验出现黄绿色时，我草草结课，其实可以在提问学生的基础上，补充实验，直接向试管中再加入葡萄糖溶液，学生对此会有所期待，定能产生较好的教学效果；③时间较紧，没有时间对学生设计的两种实验方案（用碘水检验淀粉是否水解完全；用新制的氢氧化铜检验淀粉的水解产物）进行较充分的评价，小结没有完成；④在教材整合时，还是有些顾及面面俱到，过分考虑知识的系统性与完整性，未挖掘知识的深度与广度。

在本节课上还有一个问题没达到共识，部分教师认为这节课还应该包括糖类、油脂、蛋白质的水解反应，这样才完整，才可以联系起来进行对比。而我的观点是，这样的课时安排只上糖类也是可以的，可以留更多的时间给学生思考以及吸收知识，我认为学生掌握了多少比教师教了多少更重要。

附：

《基本营养物质（第一课时）》导学案

一、学习目标

（1）结合生活了解糖类，阅读教材认识糖类的组成和结构。

（2）通过实验探究了解糖类的性质与特征反应。

二、教学重难点

（1）重点：糖类组成的特点和主要性质。

（2）难点：葡萄糖与弱氧化剂氢氧化铜的反应。

三、自主学习研讨

活动一：阅读教材第78页，分析表4，完成表格。

表4　糖类物质的分类和化学组成

分类	元素组成	代表物名称	代表物分子式	代表物间的关系
单糖				
双糖				
多糖				

活动二：观察葡萄糖和果糖的结构式，找出两者的差异（从官能团的角度分析）。

葡萄糖的官能团：_____。

活动三：阅读教材或上网查阅课外资料了解葡萄糖、淀粉的特征反应和蔗糖的水解反应。

四、迁移应用

（1）根据所学知识，医疗上可以采用什么方法检验糖尿病患者的病情？

（2）方志敏同志曾经在监狱中用米汤给鲁迅写过信，鲁迅是如何看到信的内容的？

（3）上网查询有关糖类在生产和生活中的重要应用；尝试做个舌尖上的化学视频。

《苯》解课案例

——《化学》人教版必修2第三章《有机化合物》

一、教材剖析，明确目标

1. 知识体系

苯是化工生产与日常生活中应用广泛的一种原料和溶剂，它具有烃类物质的典型性质。对于学生而言，通过甲烷、乙烯的学习已经了解了碳碳单键、碳碳双键所具有的性质，初步意识到有机物分子结构与化学性质间存在一定联系，苯的分子结构与化学性质的学习能够加深他们对这一联系的认识并形成探究有机物性质的科学的方法，为下一步继续学习两种生活中常见的有机物——乙醇和乙酸提供理性基础。

2. 思维导图

苯的分子式：C_6H_6，学习苯的思维导图如图1所示。

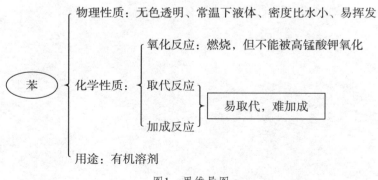

物理性质：无色透明、常温下液体、密度比水小、易挥发

氧化反应：燃烧，但不能被高锰酸钾氧化

苯　化学性质：　取代反应

加成反应

易取代，难加成

用途：有机溶剂

图1　思维导图

3. 设计思路

教材中以探究苯的物理性质为切入点，本课可以苯的研究史为线索并适当取舍加工，以物理性质—结构—化学性质—用途为顺序进行教学活动的安排。具体设计思路：以苯的研究史为线索，通过创设情境产生问题，让学生经过多种形式的实验得出苯的物理性质，并进一步沿着科学家的历史轨迹探究苯的分子结构、化学性质及其关系。

二、要点点拨，启迪思维

1. 苯的组成

苯是由C、H两种元素组成的，分子式是C_6H_6。注意不要将苯写作"笨"。由分子式推测结构，尝试书写苯可能的结构。

设计思考题：

（1）C_6H_6与饱和的烷烃相比，差多少个H？

（2）如只含有C＝C，应该有多少个碳碳双键？如果只含有C≡C，应该有多少个碳碳三键？

（3）根据"碳四价学说"和"碳链学说"以及我们学的烷烃、烯烃和炔烃中结构式的书写经验，请你写出苯分子可能的链状结构简式。

组织学生讨论：分组讨论后由小组代表写出可能的结构简式：

A. CH≡C—CH₂—CH₂—C≡CH

B. CH₃—C≡C—C≡C—CH₃

C. CH₂＝CH—CH＝CH—C≡CH

D. CH≡C—CH（CH₃）—C≡CH

E. CH₂＝C＝C＝CH—CH＝CH₂

经过讨论：A～E式都符合要求，但E式含累积双键，明确告诉学生不稳定，A～D式较合理。

故意设疑：到底是哪一种，难道四种都有可能，通过什么样的措施才能进行验证？这时激起了学生强烈的探究欲望，学生自然地想到含C＝C和C≡C的物质可用溴水或酸性的$KMnO_4$溶液验证。

学生实验：

（1）试管中加入1mL苯，滴几滴酸性KMnO₄溶液，振荡后静置，不褪色。

（2）试管中加入1mL苯，加入1mL溴水，振荡后静置，溴水分两层，上层呈橙红色，下层无色，发生了萃取现象。

学生小结：苯不能使酸性的KMnO₄溶液和溴水褪色，说明苯分子中不含C＝C和C≡C，上述结构都不合理。

（**设计意图**：学生在确定苯分子的组成后，纷纷猜想苯分子的结构。学生凭借甲烷、乙烯的知识和经验，经过知识的同化与迁移，发挥丰富的想象力，写出多种链式结构，全部含有碳碳双键或碳碳三键）

2. 苯的结构

苯分子中不存在碳碳单键，也不存在碳碳双键，其碳碳键是介于碳碳单键和碳碳双键之间的一种独特的化学键。这点单从结构式上很难理解，可以让学生通过实验或者演示实验，如苯与溴水、高锰酸钾混合实验。

投影：烃分子中碳碳键的键长如表1所示。

表1　烃分子中碳碳键的键长

共价键	苯分子中碳碳键	碳碳单键	碳碳双键
键长/pm	140	154	133

3. 苯与溴水混合

苯与液溴发生取代反应需要催化剂，若只与溴水混合只发生萃取，学生常常对这一点混淆不清，课堂上补充实验：苯与溴水混合。

三、课前思考，自致其知

（1）什么是芳香烃？苯属于芳香烃吗？

（2）苯能使酸性高锰酸钾溶液褪色吗？

（3）苯的结构是什么？是不是单双键交替结构？

四、课堂实施，答疑解难

1. 实验探究

（1）演示实验。

① 补充实验：展示苯的样品。让学生观察，不强迫但鼓励学生闻一闻气味，再布置任务，即结合教材内容和生活经验讨论、整理、归纳出苯的物理性质，得出结论。可用玻璃棒蘸取少量苯在酒精灯上加热，观察有浓烈黑烟说明苯的含碳量高。将苯与水混合比较两者密度的大小及苯的水溶性。

② 苯与溴的取代反应。该反应是放热反应，不需加热可自发进行，反应中起催化作用的是$FeBr_3$，实验时实际加入的是Fe，生成的HBr可用$AgNO_3$溶液检验。

③ 苯与硝酸的取代反应。反应物与催化剂混合时，不可先将苯（或硝酸）加到浓H_2SO_4中，以防产生大量的热使液体飞溅，反应温度必须控制在$55 \sim 60℃$，以防止副反应发生，控制温度的方法是水浴加热，如图2所示。

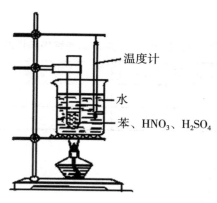

温度计
水
苯、HNO_3、H_2SO_4

图2 实验装置图

（2）探究思考。（通过小组讨论，师生共同完成）

① 苯与溴水混合会发生什么现象？会发生取代反应吗？

② 苯与浓硝酸的反应中，浓硫酸的作用是什么？

（3）巩固练习。

① 写出苯与溴发生取代反应的方程式。

② 写出苯与浓硝酸发生取代反应的方程式。

2. 质疑、答疑（由师生共同完成）

用5min左右的时间进行师生互问（包括课前思考和实验探究的所有问题）与答疑（可以是教师回答，也可以是学生回答）。

3. 学法指导

自主探究的方法之一是实验探究。在教师的引导下，学生有步骤地进行化学实验。要能真正把实验作为一种探究手段，认真做好实验，正确填写实验报告，养成良好的探究习惯和严谨的科学态度。

4. 互助提升（通过小组讨论完成）

（1）有三只失去标签的试剂瓶，分别装有苯、水、酒精，不用其他任何试剂，如何鉴别它们？

（2）写出下列反应的化学方程式，并判断反应类型：①苯与液溴反应；②苯与浓硫酸、浓硝酸混合液的反应；③用苯制环己烷的反应；④苯在空气中完全燃烧的反应。

（3）填写表2。

表2　比较甲烷、乙烯、苯的结构和性质

代表物质	甲烷	乙烯	苯
结构特征			
特征反应			

《乙烯》解课案例

——《化学》人教版必修2第三章《有机化合物》

一、教材剖析，明确目标

1. 知识体系

在学习了以甲烷为代表的烷烃后，学生能初步从组成和结构的角度认识甲烷的性质，但需要进一步强化认识"结构与性质"的关系，乙烯的教学就能起到这种作用。另外，学生能从生活实际出发，认识乙烯已被广泛应用，再学习它们的性质，强化理论与实际的联系，使学生能够学以致用。

2. 思维导图

学习乙烯的思维导图如图1所示。

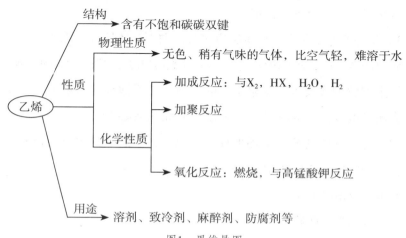

图1　思维导图

3. 结构特点

本节内容的安排与以往的教材顺序有所不同，主要强调从生活实际出发，寻找学生熟悉的素材组织教学，教师在设计教学模式时，要根据学生的情况，灵活选择可利用的素材设计或组织教学，提高学生的教学参与度，给学生适当的动手实验、表达和交流的机会，研究教学方式和学习方式的转化，力图有所创新，提高教学效果。

二、要点点拨，启迪思维

（1）乙烯的结构比较抽象，可借助球棍模型帮助学生理解。

（2）理解乙烯中的碳碳双键并不是单键的两倍。教学中可利用多媒体展示乙烷和乙烯分子中的键参数（表1）。

学生阅表，思考讨论二者结构的差异。

表1　乙烷和乙烯的化学参数

参数	乙烷（C_2H_6）	乙烯（C_2H_4）
键长 / 10^{-10}m	1.54	1.33
键能 /（kJ·mol^{-1}）	348	615
键角	109°28′	120°

碳碳双键的键能和键长并不是单键的两倍，说明碳碳双键中有一个键不稳定，容易断裂，有一个键较稳定。

（3）在讲解加成反应和加聚反应时可借助多媒体播放动画（乙烯与溴水反应，乙烯的加聚反应，动画展示化学键的断裂方式），解析反应的机理。

使学生理解加成反应和加聚反应的实质都是不饱和键的断裂和相互加成，不论加成还是聚合，根本原因都是含有不饱和的碳碳双键。

巩固练习：根据乙烯发生加聚反应的原理，判断下列物质能否发生加成反应，能发生的写出反应的化学方程式。

① CH_2═$CHCl$（氯乙烯）。

② CF_2═CF_2（四氟乙烯）。

（4）认真做好课本第57页"科学探究"，引导学生观察现象并填写乙烯和甲烷的性质对比表（表2）。

表2　乙烯和甲烷的性质对比表

性质		CH₄	CH₂＝CH₂
物理性质		通常情况下，不与强酸、强碱、强氧化剂反应，性质稳定	碳碳双键中有一根键易断裂，性质较活泼
化学性质	氧化反应：不能使高锰酸钾溶液褪色；能燃烧		能使高锰酸钾溶液褪色；能燃烧
	特征反应：取代反应		加成反应
	分解反应		聚合反应

（5）烷烃与烯烃都能与卤素单质反应，引导学生从反应条件及反应物的状态对比取代反应和加成反应（表3）。

表3　甲烷、乙烯与卤素单质反应对比

物质	反应条件	反应物状态
甲烷	光照	纯净物
乙烯	常温	溶液

三、课前思考，自致其知

（1）乙烯有哪些重要的用途呢？

（2）乙烯的化学式、电子式、结构式以及结构简式是怎样的？

（3）乙烯的物理性质有哪些？

（4）理解加成反应的意义。

四、课堂实施，答疑解难

1. 实验探究

课堂上由教师演示"科学探究"（大约要花10min完成此实验），没有条件做实验的学校，可以放录像或其他多媒体资料。

（1）实验要点。

① 石棉要尽量多吸收石蜡油。

② 石蜡油分解反应的温度要在500℃以上。

③ 实验中要注意防止倒吸，最好是教师演示实验。

④ 一般用$KMnO_4$稀溶液，3mL该溶液中一般加入2～3滴稀H_2SO_4溶液，以增加$KMnO_4$溶液的氧化性。

⑤ 配制溴的四氯化碳溶液时，20mL四氯化碳加1～2滴溴即可。

注意此实验现象可以得出结论：有不同于烷烃性质的物质生成却无法证明有烯烃。

（2）探究思考。（通过小组讨论，师生共同完成）

① 石蜡油的主要成分是什么？这个实验中用到的碎瓷片的作用是什么？

② 本实验不用溴的四氯化碳溶液而改用溴水可以吗？

③ 乙烯被高锰酸钾氧化后生成什么？发生的是加成反应吗？

（3）巩固练习。

① 写出乙烯与溴的四氯化碳发生反应的方程式。

② 如何鉴别乙烯与甲烷？

2. 质疑答疑

引导学生加深"结构决定性质"的理解，乙烯性质与甲烷的差异是由其不同的结构决定的，那么烯烃与烷烃的结构有何差异呢？

3. 学法指导

（1）观察法。通过观察分子结构模型，掌握物质的分子结构特点，全面观察实验现象，理解物质的性质，培养学生的观察能力。

（2）对比学习法。通过对比学习，掌握乙烯、甲烷燃烧时火焰的情况。在介绍加成反应时，与取代反应对比。引导学生把知识学活。通过对比学习可以培养学生灵活运用化学知识解决简单的实际问题的能力。

（3）讨论学习法。通过积极组织讨论，培养学生的思维能力以及灵活运用化学知识解决简单的实际问题的能力。

4. 互助提升

（1）两种气态烃组成的混合气体0.1mol，完全燃烧得0.16mol CO_2和3.6gH_2O。下列说法正确的是（　　　　）。

A. 混合气体中一定有甲烷

B. 混合气体一定是甲烷和乙烯

C. 混合气体中一定没有乙烷

D. 混合气体中一定有乙烯

（2）甲烷中混有乙烯，欲除去乙烯得到纯净的甲烷，可依次将其通过下列哪组试剂的洗气瓶（　　　）。

A. 澄清石灰水，浓H_2SO_4

B. 溴水，浓H_2SO_4

C. 酸性高锰酸钾溶液，浓H_2SO_4

D. 浓H_2SO_4，酸性高锰酸钾溶液

（3）将29.5g乙烯和乙烷的混合气体通入足量的溴水后，溴水增重7g，则混合气体中乙烯的体积分数是（　　　）。

A. 75%　　　　　　　B. 50%　　　　　　　C. 30%　　　　　　　D. 25%

（4）能证明乙烯分子里含有一个碳碳双键的事实是（　　　）。

A. 乙烯分子里碳氢原子个数比为1∶2

B. 乙烯完全燃烧生成的CO_2和H_2O的物质的量相等

C. 乙烯容易与溴水发生加成反应，且1mol乙烯完全加成消耗1mol溴单质

D. 乙烯能使酸性$KMnO_4$溶液褪色

《氮的氧化物》解课案例

——《化学》人教版必修1第四章《非金属元素化合物》

一、教材剖析，明确目标

1. 知识体系

本节以N_2、NO、NO_2的性质，硝酸型酸雨的形成为核心，重点介绍酸雨的形成和防治原理及NO、NO_2的性质，进一步培养学生的环境保护意识，使学生形成与自然友好相处、促进可持续发展的正确认识。

2. 思维导图

学习氮的氧化物的思维导图如图1所示。

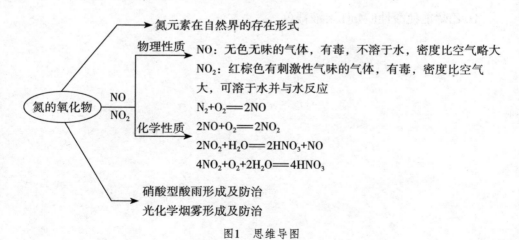

图1　思维导图

3. 结构特点

（1）从社会性主题的目标（也即情感态度与价值观）上来看，本节围绕的主题是"空气资源的利用和空气污染的问题"，其侧重点是硝酸型酸雨和光化学烟雾的危害和防治，按照新课程标准，要适时地进行环境教育，宣扬科学发展观的理念，渗透人与环境和谐共处的伦理教育。

（2）从化学学科知识体系的角度来看，本单元在学习了氧化还原反应和典型的非金属元素（卤素）及硫以后，进一步研究氮元素及其氧化物。学生无论在元素化学的感性认识上还是在理论学习积累上都具备了一定的基础，可以说这个时候来研究难度较大的氮元素恰到好处，这正是人教版化学教材的匠心独运之处，要好好体会，充分利用该版本设计的系统优势。同时学完氮元素的氧化物以后为下一节学习硫、氮的其他化合物——硫酸、氨、硝酸埋下了伏笔。

二、要点点拨，启迪思维

（1）回顾第一课时的空气质量报告，氮的氧化物与第一课时硫的氧化物一样，是空气质量指标之一，从而认识硝酸型酸雨以及光化学烟雾。

（2）学习NO、NO_2性质时，可以对比SO_2化合价处中间具有多变性，从而推出NO、NO_2的化学性质既具有氧化性又具有还原性。

（3）推导NO_2、O_2与水反应的方程式时，引入方程式的"四则运算"，一定要让学生自己动手书写和运算。

（4）科学探究：①让学生以小组为单位讨论设计方案，画出实验装置图，写出涉及的化学反应程式和预想到的实验现象（这个可以作为课前预习，让学生自己查阅资料）；②实验所需要的氧气可以当时制取，但是建议课前制备好，装在塑料袋中供学生选用；③NO_2具有刺激性气味且有毒，所以实验操作时要谨慎小心，别泄漏，应在水面下操作。

（5）一定要强调酸雨指的是pH值小于5.6的雨水，而不是小于7，因为雨水中本身就溶解了空气中的二氧化碳，呈一定的酸性，这个是正常的，只有pH值小于5.6的雨水才认为是酸雨。

三、课前思考，自致其知

（1）空气质量报告的项目和指标。

（2）氮元素在自然界的存在形式。

（3）NO、NO_2的物理性质和化学性质。

（4）NO_2与水的反应，NO_2、O_2与水的反应。

（5）硝酸型酸雨和光化学烟雾形成过程、危害以及防治措施。

（6）酸雨的定义。

四、课堂实施，答疑解难

建议采用小组互助的自主探究高效课堂模式教学，该模式主要环节：故事引入—小组探究实验—归纳提升—学法指导—互助提升。

1. 故事引入

展示有关"魔鬼谷"的图片：在新疆与青海交界处有一山谷，人称"魔鬼谷"。谷内经常电闪雷鸣，狂风暴雨，经常把人和畜击毙，然而谷内却是牧草茂盛，四季常青。这是为什么呢？学生开始交流讨论，让部分同学口头展示。

自然界中大部分氮元素以游离态存在于空气中，仅有少数植物能够将游离态的氮转化为可吸收的化合态的氮，我们把游离态氮转变为化合态氮的过程称为"固氮作用"。通常情况下，空气中的N_2和O_2不发生反应，但是在放电或者高温下二者可以直接化合成NO，NO很容易在空气中与氧气结合生成NO_2，NO_2溶于水生成硝酸，从而达到固氮效果。

多媒体展示有关"雷雨发庄稼"的动画。

$$N_2+O_2 \xrightarrow{\text{放电}} 2NO$$

$$2NO+O_2 == 2NO_2$$

$$3NO_2+H_2O == 2HNO_3+NO$$

实物展示：一瓶NO气体，一瓶NO_2气体，让学生归纳它们的物理性质与化学性质。

物理性质：

NO：无色无味的气体，有毒，不溶于水，密度比空气略大。

NO$_2$：红棕色有刺激性气味的气体，有毒，密度比空气大，可溶于水并与水反应。

化学性质：

NO：不与水反应，在通常情况下易被氧气氧化成二氧化氮。

$$2NO+O_2 \xlongequal{\quad\quad} 2NO_2$$

NO$_2$：与水反应。

$$3NO_2+H_2O \xlongequal{\quad\quad} 2HNO_3+NO$$

2. 小组探究实验

（1）设计实验，要求尽可能多地使NO$_2$被水吸收。

学生讨论得出方案，部分小组将方案展示于黑板上（画出装置图和写出相关化学方程式），剩余小组进行点评和质疑。

（2）实验探究。

按照实验方案做实验，将实验过程与结果填入表1。

表1　实验步骤表

实验步骤	实验现象	实验结论
1. 将一支充满NO$_2$的试管倒放在盛有水的水槽中	红棕色逐渐消失，水位上升，最后水充满整个试管的2/3，无色气体充满试管的1/3（上部）	$3NO_2+H_2O \xlongequal{\quad} 2HNO_3+NO$ NO$_2$为红棕色气体，易溶于水；NO为无色气体，难溶于水
2. 制取少量氧气		$2H_2O_2 \xlongequal{MnO_2} 2H_2O+O_2\uparrow$
3. 将氧气慢慢地通入步骤1的试管中	无色气体变为红棕色，又变为无色，气体体积逐渐缩小，液面不断上升	$2NO+O_2 \xlongequal{\quad} 2NO_2$ $3NO_2+H_2O \xlongequal{\quad} 2HNO_3+NO$

注：演示实验只需要请一个小组同学演示即可，实验操作中要注意NO$_2$不要泄漏。

3. 归纳提升

（1）通过实验探究可知，不断往二氧化氮与水的试管中通入氧气，液面不断上升，说明通入氧气有助于二氧化氮溶于水，请推断出二氧化氮、氧气与水的反应方程式：

$$2NO+O_2 \xlongequal{\quad\quad} 2NO_2 \qquad ①$$

$$3NO_2+H_2O \xlongequal{\quad\quad} 2HNO_3+NO \qquad ②$$

①+②×2得

$$4NO_2+O_2+2H_2O \xlongequal{\quad\quad} 4HNO_3.$$

（2）氮的氧化物对环境的影响。

氮元素在生命活动中扮演着十分重要的角色，但是含氮的化合物也给人类生活带来一些负面的影响，例如氮的氧化物导致空气污染。那些氮的氧化物来源有哪些？氮的氧化物的污染表现在哪几个方面？我们可以采取哪些措施进行防治？

① 酸雨的定义及危害。

② 光化学烟雾污染，是指大气中因光化学反应而形成的有害混合烟雾，如大气中碳氢化合物和氮氧化合物在阳光的作用下起化学反应所产生的化学污染物。1944年，美国洛杉矶首次发生光化学烟雾污染，此后在东京、墨西哥城、兰州、上海及其他许多汽车多、污染重的城市，都曾出现过光化学烟雾污染，这也成为许多大城市的一种主要空气污染现象。

4. 学法指导

该节课主要采用小组互助的自主探究高效课堂模式，这要求学生课前做好预习，掌握基本实验理论，学会从实验现象归纳整理得出实验结论，并且能够结合教师的提示进行对比模拟学习，要求学生有较好的合作意识、动手能力以及整理归纳能力。

5. 互助提升（通过小组讨论完成）

（1）（双项）下列气体溶解于水，没有发生氧化还原反应的是（　　）。

A. SO_2溶解于水　　　　　　　　　　B. NO_2溶解于水

C. CO_2溶解于水　　　　　　　　　　D. Cl_2溶解于水

（2）下列有关NO与NO_2的叙述正确的是（　　）。

A. NO是无色气体，可用排空气法收集

B. 常温下，氮气与氧气混合就可迅速产生NO

C. 常温下NO很容易与空气中的O_2化合生成NO_2

D. NO_2溶于水，与水反应生成NO

（3）（双项）某混合气体中可能含有Cl_2、O_2、SO_2、NO、NO_2中的两种或多种气体。现将此无色透明的混合气体通过品红溶液后，品红溶液褪色，把剩余气体排入空气中，很快变为红棕色。对于原混合气体成分的判断中正确的是（　　）。

A. 肯定有SO_2和NO　　　　　　　　B. 肯定没有Cl_2、O_2和NO_2

C. 可能有Cl_2和O_2　　　　　　　　D. 肯定只有NO

（4）根据NO_2、O_2与水的化学反应方程式的推理办法，推断NO、O_2与水的化学反应方程式。

《硫的氧化物》解课案例

——《化学》人教版必修1第四章《非金属元素化合物》

一、教材剖析，明确目标

1. 知识体系

本节以S、SO_2、SO_3的性质，硫酸型酸雨的形成为核心，重点介绍酸雨的形成和防治原理及SO_2的性质，进一步培养学生的环境保护意识，使学生形成与自然友好相处、促进可持续发展的正确认识。

2. 思维导图

学习硫的氧化物的思维导图如图1所示。

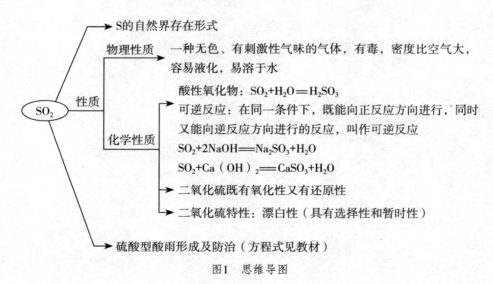

图1　思维导图

3. 结构特点

（1）本单元在学习了典型的非金属元素（卤素）和一系列金属元素（钠、铝、铁）以后，进一步研究硫元素及其氧化物，其侧重点是硫酸型酸雨的危害和防治。

（2）学完硫元素的氧化物以后为紧接着学习氮元素的氧化物做了很好的铺垫，甚至为下一节学习硫、氮的其他化合物——硫酸、氨、硝酸埋下了伏笔。

（3）第一次出现"可逆反应"词组，这是学生第一次接触可逆反应的概念，建议说明这一概念的含义，为学生今后接触更多可逆反应，以及学习化学平衡等奠定基础。

二、要点点拨，启迪思维

（1）收集空气质量报告的素材，最好以当地当天的报告作为引入材料，这样更能引起学生的兴趣，激发他们关注自身生活环境情况。

（2）学习SO_2性质时，可以引入酸性氧化物，对比学习过的酸性氧化物CO_2，学习SO_2的化学性质。

（3）介绍可逆反应定义时，必须强调"同一条件"以及使用可逆符号"$\rightleftharpoons$"。

（4）实验探究。

① 收集二氧化硫的试管要干燥，气体要收集满，否则液面上升不多，液体变色不明显，可用亚硫酸钠与酸制备二氧化硫。

② 品红溶液的质量分数不能太大，以0.01%左右为宜，并使溶液显酸性。

③ 二氧化硫并不能漂白所有的有色物质，它只能漂白某些有色物质。因此，应预先试验它的漂白效果，再考虑是否要在课堂上演示，以免尴尬，尤其强调二氧化硫不能使紫色石蕊试液褪色，但是会使它变红，这个可以通过实验验证，加深印象。

④ 二氧化硫的漂白具有暂时性，不同于氯气的漂白，从而分析两种不一样的漂白（氧化还原漂白和非氧化还原漂白）。

三、课前思考，自致其知

（1）空气质量报告的项目和指标。

（2）硫元素在自然界的存在形式。

（3）SO_2 的物理性质、化学性质。

（4）硫酸型酸雨形成过程、危害以及防治措施。

（5）可逆反应的定义。

四、课堂实施，答疑解难

建议采用小组互助的自主探究高效课堂模式教学，该模式主要环节：资料引入—小组探究实验—交流汇报—探究结论—互助提升。

1. 资料引入

多媒体展示当地该天的空气质量报告以及酸雨造成危害的图片，吸引学生的兴趣以及发散学生思维思考硫酸型酸雨的形成过程。

学生容易错误认为硫单质燃烧得到二氧化硫，然后二氧化硫与水反应直接生成硫酸，或者误认为硫单质燃烧产物为三氧化硫，这个需要特别强调注意。

2. 小组探究实验

按表1所示的实验步骤进行实验，注意观察实验现象并得出结论。

表1 实验步骤表

实验步骤	实验现象	实验结论
1. 观察试管中的二氧化硫，闻气味（闻过后立即塞好）	无色、有刺激性气味的气体	无色、有刺激性气味的气体
2. 将试管倒立在水中，在水下打开胶塞，轻轻摇晃，观察	试管中液面上升，但没有充满	二氧化硫能溶于水
3. 至水面不变时，在水下塞好胶塞，取出，用pH试纸测所得溶液的酸碱度	pH值小于7	二氧化硫溶于水生成呈酸性的亚硫酸
4. 取少量二氧化硫溶液滴加一滴品红溶液，振荡，观察；再放在酒精灯上加热	刚开始品红溶液褪色，品红溶液加热后又变回红色，并在试管口闻到刺激性气味	二氧化硫的漂白性是暂时的，受热易分解，有二氧化硫生成

实验步骤	实验现象	实验结论
5. 取少量二氧化硫溶液滴加在蓝色石蕊试纸上，观察	试纸由蓝色变为红色	二氧化硫溶于水生成亚硫酸呈酸性，但是二氧化硫并不能漂白石蕊试液
6. 取少量二氧化硫溶液滴加3～5滴酸性高锰酸钾溶液，观察	酸性高锰酸钾溶液褪色	二氧化硫溶液具有还原性
7. 取少量二氧化硫溶液滴加少量氢硫酸溶液，观察	有淡黄色沉淀生成	二氧化硫溶液具有氧化性

注：将学生分成若干小组，让其按照学案进行实验探究，同时巡视指出个别同学操作中出现的一些不规范操作，例如，闻气味的方式、加热试管中液体的方法、滴加溶液的方法等。

3. 交流汇报

在不同小组中各挑一个学生汇报实验现象以及分析所得的结论，然后让其他小组补充。

4. 探究结论

师生共同总结得出二氧化硫的物理性质和化学性质。

（1）物理性质：一种无色、有刺激性气味的气体，有毒，密度比空气大，容易液化，易溶于水。

（2）化学性质：

① 从物质分类角度：SO_2属于酸性氧化物，对比学过的CO_2的性质进行学习（表2）。

表2　SO_2和CO_2性质的对比

项目		CO_2	SO_2
与水反应			
与碱反应	NaOH		
	Ca（OH）$_2$		
与碱性氧化物反应			

注：先给出CO_2的反应方程式，让学生对比学习写出SO_2的反应方程式。

② 从化合价角度：二氧化硫既有氧化性又有还原性。

$$-2 \qquad\qquad 0 \qquad\qquad +4 \qquad\qquad +6$$
$$H_2S \longleftarrow S \longleftarrow SO_2 \longrightarrow SO_4^{2-}$$

③ 从特性角度：二氧化硫具有漂白性，漂白具有暂时性和选择性。

5. 互助提升

对知识与技能目标的达成度，可以通过纸笔测验的方式来检验，通过小组讨论完成，达到互助提升。

（1）SO_2溶于水后所得溶液的性质是（　　　）。

A.有氧化性，无还原性，无酸性

B.有氧化性，有还原性，有酸性

C.有还原性，无氧化性，无酸性

D.有还原性，无氧化性，有酸性

（2）下列反应中，SO_2起还原剂作用的是（　　　）。

A. $2H_2S+SO_2 == 3S\downarrow +2H_2O$

B. $2SO_2+O_2 \overset{催化剂}{\underset{\triangle}{=\!=\!=}} 2SO_3$

C. $SO_2+2NaOH == Na_2SO_3+H_2O$

D. $SO_2+Br_2+2H_2O == 2HBr+H_2SO_4$

（3）能鉴别SO_2和CO_2的试剂是（　　　）。

A. 湿润的蓝色石蕊试纸　　　　　　　　B. 澄清石灰水

C. 品红溶液　　　　　　　　　　　　　D. 氯化钡溶液

（4）有关SO_2的说法错误的是（　　　）。

A. 单质硫在空气中燃烧可生成SO_2

B. SO_2能使品红溶液褪色是因为它具有氧化性，加热可恢复原本红色

C. SO_2能使加酚酞的$NaOH$溶液褪色是因为它能与$NaOH$反应

D. SO_2和Cl_2都具有漂白作用，所以将两种气体同时作用于潮湿有色物，可大大增强漂白作用

（5）Cl_2和SO_2都具有漂白作用，能使品红溶液褪色。若将等物质的量的Cl_2、SO_2混合后，再通入品红与$BaCl_2$的混合溶液，能观察到的现象是（　　　）。

①溶液很快褪色；②溶液不褪色；③出现沉淀；④不出现沉淀

A.①②　　　　　　B.①③　　　　　　C.②③　　　　　　D.②④

（6）X、Y两种气体都能对大气造成污染，在工业上都可以被碱性溶液吸收，已知识X是化石燃料燃烧的产物，是形成酸雨的主要物质；Y是一种单质，它的水溶液具有漂白作用，请写出下列反应的化学方程式。

① X在一定条件下与氧气的反应；

② Y与氢氧化钠溶液的反应。

《氨、硝酸、硫酸（第一课时）》解课案例

一、教材剖析，明确目标

1. 知识体系

硫酸、硝酸分别是硫、氮元素的最高价氧化物的水化物，是重要的含氧酸；氨气是氮的氢化物。非金属单质、氢化物、氧化物、含氧酸等构成某一非金属元素的知识体系。在硫、氮元素的知识体系中，比较重要的是氧化物和含氧酸。硫酸、硝酸既有酸的通性，又有它们自己的特性，而且是大家非常熟悉的物质。因此将它们归为一节学习。掌握它们的性质，可以更好地认识它们在工农业生产和国防中的重要用途。自然界中氮的循环具有一定的典型性。因此，本节教学选择氨气的性质和制法、自然界中氮的循环、浓硫酸和硝酸的氧化性等内容，目的是让学生了解这些重要化工产品的主要性质，了解氮的循环对生态平衡的作用。

2. 思维导图

本节教学的思维导图如图1所示。

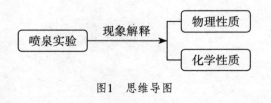

图1　思维导图

本节教学内容分为两部分：第一部分是氨气、铵盐，第二部分是浓硫酸、硝酸。第一部分的重点知识为氨气的物理性质、化学性质、制取，以及铵盐的

性质。第二部分浓硫酸、硝酸的主干知识是氧化性，它们能与绝大多数金属反应，也能与一些非金属反应，反应的特点是浓硫酸、硝酸中的硫、氮元素被还原，生成硫的氧化物和氮的氧化物。

3. 结构特点

对于第一部分内容，教材的呈现方式是从合成氨对人类的贡献及农业生产中广泛应用的氮肥等知识引出本课时氨的性质的学习。通过实验学习氨气的物理性质和化学性质，简单学习铵盐的性质，在铵盐性质的基础上，学习氨气的实验室制法。再从氮元素在自然界的循环回归到人与自然和谐发展并得到情感的提升。对于第二部分内容，教材对于这些主干知识采取用实验建构—图示加深—化学反应方程式强化的方法。而对其他一些基本知识，则采用"思考与交流""资料卡片"等形式来呈现。

二、要点点拨，启迪思维

（1）氮的固定：要强调人工固氮就是把N_2变成氮的化合物。注意工业合成氨气的方程式，要求默写，特别强调可逆符号、条件。

（2）喷泉实验：事先教师做一遍。另外，氨气可以在课堂上用加热浓氨水的方法当场制备，而操作步骤中，打开止水夹和挤压胶头滴管的顺序没有先后关系。

（3）资料卡片：氨水为什么显碱性。一定要求学生弄懂原因，而且会写出离子方程式，说明氨气不显碱性。

（4）演示氨气和HCl的反应的实验，要求，环保，其实验现象是"空瓶生烟"。还可以对比氨气与浓硫酸的实验，要求分析原因。

（5）讲铵盐的不稳定性时，要补做实验：氯化铵的分解实验。

三、课前思考，自致其知

（1）氮的固定，工业上合成氨气的方法。

（2）喷泉实验的操作及成因，分析现象原因。

（3）氨气的用途。

四、课堂实施，答疑解难

导入：演示"空瓶生烟"。

课前准备两瓶气体，一瓶为HCl，一瓶为NH_3，使两瓶相对（HCl在上），抽出玻璃片，则浓烟滚滚，烟立即充满两瓶。（也可以改为魔术表演）

创设情境：打开装有碳酸氢铵的化肥袋或在炎热的夏季到一些卫生条件很差的公共厕所，常会闻到一股刺激性气味的气体，有时甚至让人睁不开眼，这是什么气体呢？这就是我们这节课要学习的氨气。

1. 实验探究

（1）演示实验：喷泉实验，玻璃棒蘸浓氨水和浓硫酸的实验，NH_4Cl的分解实验。（由教师和学生代表完成）

在学生完成课前思考题的基础上，用10min左右的时间完成以上3个演示实验。演示时，一定要有意识地围绕课前思考题给予学生一定的明示和引导，使他们通过实验原理、装置、操作、现象进行综合分析问题、解决问题。浓氨水和浓硫酸、浓盐酸可以做对比实验，氯化铵分解实验要引导学生看试管的底部和上部的实验现象。

喷泉实验操作步骤：

① 将充满氨气的烧瓶口向下快速换上双孔塞。

② 把烧瓶放到铁架台的铁圈上。

③ 把下端玻璃管插入烧杯的水中。

④ 向烧杯的水里滴加5滴酚酞溶液。

⑤ 挤压胶头滴管，使少量的水进入烧瓶。

⑥ 打开止水夹。

（2）探究思考。（通过小组讨论，师生共同完成）

① 什么叫作氮的固定？工业上如何合成氨气？

② 为什么会形成喷泉？喷泉实验说明了氨气的什么性质？为什么溶液呈红色？

③ 氨水为什么呈碱性？氨气是碱性气体吗？液氨是氨水吗？氨水中有哪

些微粒？

④ 氨气有哪些用途？

⑤ 为什么有白烟生成？

⑥ 写出碳酸氢铵、碳酸铵、氯化铵分解的方程式。铵盐分解一定有氨气生成吗？

⑦ 氨的固定有哪些方法？

（3）巩固练习。

① 对于氨水的组成的叙述正确的是（　　　）。

A. 只含有氨分子和水分子

B. 只含有水合氨分子和水分子

C. 只含有氨分子、水分子和水合氨分子

D. 含有氨分子、水分子、水合氨分子、铵根离子和氢氧根离子

② 关于氨水的叙述中，错误的是（　　　）。

A. 氨水的溶质是$NH_3 \cdot H_2O$

B. 氨水可使酚酞指示剂变红

C. 氨水中含3种分子和3种离子

D. 氨水能与氯化铝反应产生白色沉淀

③ 下列关于氨气性质的叙述中正确的是（　　　）。

A. 氨气可用排水法收集

B. 氨水呈碱性

C. 氨气和酸相遇都能产生白烟

D. 在反应$NH_3 + H^+ \rule{1.2em}{0.4pt}\!\!= NH_4^+$中，氨失去电子被氧化

2. 质疑、答疑（由师生共同完成）

用5min左右的时间进行师生互问（包括课前思考和实验探究的所有问题）与答疑（可以是教师回答，也可以是学生回答）。

3. 学法指导

自主预习，合作探究。

4. 互助提升（通过小组讨论完成）

（1）如图2所示，烧瓶中充满干燥气体*a*，将滴管中的液体*b*挤入烧瓶内，轻轻振荡烧瓶，然后打开止水夹，烧杯中的液体呈喷泉状喷出，则*a*、*b*不可能是（　　　）。

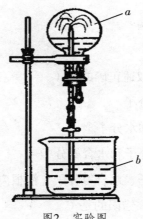

图2　实验图

A. *a*为HCl气体，*b*为H_2O

B. *a*为CO_2气体，*b*为浓NaOH溶液

C. *a*为Cl_2气体，*b*为饱和NaCl溶液

D. *a*为Cl_2气体，*b*为浓NaOH溶液

（2）氨水显弱碱性的主要原因是（　　　）。

A. 通常状况下，氨的溶解度不大

B. 氨水中的$NH_3 \cdot H_2O$电离出少量OH^-

C. 溶于水的NH_3分子只有少量电离

D. NH_3是一种弱碱

（3）只用一种试剂可以把NH_4Cl、$(NH_4)_2SO_4$、KCl、Na_2SO_4四种溶液鉴别出来，该试剂是（　　　）。

A. $BaCl_2$溶液　　　　　　　　　　B. NaOH溶液

C. $Ba(OH)_2$溶液　　　　　　　　　D. $AgNO_3$溶液

（4）下列离子方程式错误的是（　　　　）。

A. 氨气通入稀硫酸：$NH_3+H^+ \!=\!= NH_4^+$

B. 稀氢氧化钠溶液和氯化铵溶液混合：$NH_4^+ + OH^- \!=\!= NH_3 \cdot H_2O$

C. 碳酸氢铵和浓氢氧化钠溶液混合：$NH_4^+ + OH^- \!=\!= NH_3 \uparrow + H_2O$

D. Cl_2和水反应：$Cl_2 + H_2O \!=\!= H^+ + Cl^- + HClO$

《氨、硝酸、硫酸（第二课时）》解课案例

一、教材剖析，明确目标

1. 知识体系

硫酸、硝酸分别是硫、氮元素的最高价氧化物的水化物，是重要的含氧酸；氨气是氮的氢化物。非金属单质、氢化物、氧化物、含氧酸等构成某一非金属元素的知识体系。在硫、氮元素的知识体系中，比较重要的是氧化物和含氧酸。硫酸、硝酸既有酸的通性，又有它们自己的特性，而且是大家非常熟悉的物质。因此将它们归为一节学习。掌握它们的性质，可以更好地认识它们在工农业生产和国防中的重要用途。自然界中氮的循环具有一定的典型性。因此，本节教学选择氨气的性质和制法、自然界中氮的循环、浓硫酸和硝酸的氧化性等内容，目的是让学生了解这些重要的化工产品的主要性质，了解氮的循环对生态平衡的作用。

2. 思维导图

本节教学思维导图如图1所示。

图1　思维导图

3. 结构特点

对于第一部分内容，教材的呈现方式是从合成氨对人类的贡献及农业生产中广泛应用的氮肥等知识引出本课时氨的性质的学习。通过实验学习氨气的物

理性质和化学性质，简单学习铵盐的性质，在铵盐性质的基础上，学习氨气的实验室制法。再从氮元素在自然界的循环回归到人与自然和谐发展并得到情感的提升。对于第二部分内容，教材对于这些主干知识采取用实验建构—图示加深—化学反应方程式强化的方法。而对其他一些基本知识，则采用"思考与交流""资料卡片"等形式来呈现。

二、要点点拨，启迪思维

（1）要求学生能写出铵盐与碱反应的反应通式，以及水溶液中的离子方程式（几种情况）。

（2）氨气的还原性：制硝酸，要求学生书写方程式。

（3）制备氨气的装置、方法，药品的选择，收集方法，干燥，除杂等。

三、课前思考，自致其知

（1）铵盐能与碱反应吗？如何检验铵根离子？怎么反应？

（2）氨气有还原性吗？工业上如何制备硝酸？

（3）实验室如何制备氨气？原理怎样？怎样除杂？怎样干燥？怎样检验？

（4）制备氨气还有哪些方法？哪些装置？

四、课堂实施，答疑解难

导入：观看视频"雷雨发庄稼"。

学生阅读课本第98页，并引导学生思考与交流，进行小组比赛，书写方程式，讨论系列反应。找出氨气制备NO的反应中，氨气充当了什么角色，引出氨气的还原性。（同时复习一下氨气的其他化学性质）

1. 实验探究

（1）演示实验：氨气的制备。（由教师和学生代表完成）

教师提供多种药品和多种实验仪器，让学生组装或用PPT演示，在学生完成课前思考题的基础上，用20min左右的时间完成实验装置的选择。演示时，一定要有意识地围绕课前思考题给予学生一定的明示和引导，使他们通过实验原理、装置、操作、现象进行综合分析问题、解决问题。不同的方法采用不同的装置。参考图2。

浓氨水

NH_4Cl和$Ca（OH）_2$　棉花

浓氨水

固体NaOH

图2　实验装置图

（2）探究思考。（通过小组讨论，师生共同完成）

①铵盐有哪些化学性质？

②如何检验铵根离子？

③实验室如何制备氨气？原理怎样？怎样除杂？怎样干燥？怎样检验？

④其他方法的原理怎样？

（3）巩固练习。

①氨的催化氧化作用。

②氨与盐酸反应。

③氨与硫酸反应。

④实验室制氨气。

⑤NH_4HCO_3固体受热分解。

⑥NH_4Cl固体受热分解。

⑦NH_4NO_3与NaOH反应。

⑧加热氯化铵和氢氧化钙的混合物制取氨气。

⑨写出由氨气制得硝酸的一系列反应。

⑩氨气的实验室制法：

第一，在实验室里，常用加热_____和_____的混合物的方法制取氨气。

例如：_____。

第二，收集。采用向_____排空气法（管口塞一团棉花，防止空气对流，使收集到的NH_3尽量纯净）。

第三，验满。将湿润的_____试纸放置在试管口附近，若试纸变_____色，说明NH_3已收集满。

2. 学法指导

进行"1+3"学习模式，师生共同发现、寻找实验探究中的问题，然后通过自助、互助、师助三种方式解决问题，真正实现学生由陈述性学习向程序性学习转变，让学生学会设计实验方案（如"如何制备氨气"），真正把实验作为一种探究手段。

3. 课堂小结

硫酸、硝酸分别是硫、氮元素的最高价氧化物的水化物，是重要的含氧酸；氨气是氮的氢化物。在硫、氮元素的知识体系中，比较重要的是氧化物和含氧酸。硫酸、硝酸既有酸的通性，又有它们自己的特性。NH_3也有大多数非金属元素的氢化物所具有的性质。该节的主干知识有两点：

① 浓硫酸、硝酸的强氧化性，它们能与绝大多数金属反应，反应的特点是浓硫酸、硝酸中的硫、氮元素被还原，生成硫的氧化物和氮的氧化物。

② NH_3的水溶液呈碱性，因此容易与酸反应生成铵盐。

本节课的主要学习内容：

① 能从化合价的变化方面理解浓硫酸、硝酸的氧化性。

② 知道低温浓硫酸、浓硝酸与铁、铝的钝化作用。

③ 学会氨气的实验室制取、收集、检验方法。

④ 掌握铵盐的性质。

⑤ 学会NH_4^+的检验方法。

4. 互助提升（通过小组讨论完成）

（1）氨气可以做喷泉实验，这是利用了氨气（　　　　）。

A. 很易液化 B. 比空气轻

C. 极易溶于水 D. 能跟水反应

（2）下列气体不能用排水集气法收集的是（　　　　）。

A. H_2 B. NH_3 C. O_2 D. NO

（3）下列反应属于氮的固定作用的是（　　　）。

A. N_2和H_2在一定条件下反应制取NH_3

B. 硝酸工厂用NH_3氧化制取NO

C. 雷雨时空气中的N_2转化为NO

D. 由NH_3制取碳酸氢铵和硫酸铵

（4）下列关于NH_3性质的叙述中，正确的是（　　　）。

A. 氨气可用排水法收集

B. 氨水呈碱性

C. 氨气和酸相遇都能产生白烟

D. 在反应$NH_3+H^+\!\!=\!\!=\!\!=NH_4^+$中，氨失去电子被氧化

（5）下列不属于铵盐的共同性质的是（　　　）。

A. 易溶于水   B. 与苛性钠共热产生NH_3

C. 都是晶体   D. 受热分解都产生NH_3

（6）下列方法中，不能用于实验室里制取氨气的是（　　　）。

A. 在烧瓶中将熟石灰和氯化铵混合，加水调成泥状后加热

B. 加热试管中的氯化铵固体

C. 将烧瓶中的浓氨水加热

D. 将分液漏斗中的浓氨水滴入装有生石灰的烧瓶中

（7）请回答有关下列5种气体的问题：H_2、O_2、NO、NH_3、NO_2。

① 与制取O_2的发生装置相同的是_____；只能用一种方法收集的是_____；②以上气体的制备反应中，有一种反应在原理上与其他反应都不能归为同一类型，请写出实验室制取该气体的方程式_____。

（8）检验氨气可选用（　　　）。

A. 湿润的蓝色石蕊试纸   B. 干燥的红色石蕊试纸

C. 干燥的蓝色石蕊试纸   D. 湿润的红色石蕊试纸

《氨、硝酸、硫酸（第三课时）》解课案例

一、教材剖析，明确目标

1. 知识体系

硫酸、硝酸分别是硫、氮元素的最高价氧化物的水化物，是重要的含氧酸；氨气是氮的氢化物。非金属单质、氢化物、氧化物、含氧酸等构成某一非金属元素的知识体系。在硫、氮元素的知识体系中，比较重要的是氧化物和含氧酸。硫酸、硝酸既有酸的通性，又有它们自己的特性，而且是大家非常熟悉的物质。因此将它们归为一节学习。掌握它们的性质，可以更好地认识它们在工农业生产和国防中的重要用途。自然界中氮的循环具有一定的典型性。因此，本节教学选择氨气的性质和制法、自然界中氮的循环、浓硫酸和硝酸的氧化性等内容，目的是让学生了解这些重要化工产品的主要性质，了解氮的循环对生态平衡的作用。

2. 思维导图

本节教学的思维导图如图1所示。

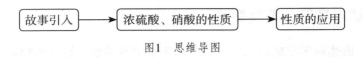

图1　思维导图

3. 结构特点

对于第一部分内容，教材的呈现方式是从合成氨对人类的贡献及农业生产中广泛应用的氮肥等知识引出本课时氨的性质的学习。通过实验学习氨气的物理性质和化学性质，简单学习铵盐的性质，在铵盐性质的基础上，学习氨气的

实验室制法。再从氮元素在自然界的循环回归到人与自然和谐发展并得到情感的提升。对于第二部分内容，教材对于这些主干知识采取用实验建构—图示加深—化学反应方程式强化的方法。而对其他一些基本知识，则采用"思考与交流""资料卡片"等形式来呈现。

二、要点点拨，启迪思维

（1）重点讲解浓硫酸的吸水性、脱水性、强氧化性，硝酸的强氧化性。

（2）要求学生记忆课本上的几个重要方程式，用前面学过的知识求氧化剂和还原剂的物质的量之比。

（3）对于教材上实验4-9，可以采用改进装置以达到环保要求，另外强调如何观察反应后溶液的颜色："冷却后，把试管里的液体慢慢倒入盛有少量水的另外一支试管中，观察溶液的颜色。"

三、课前思考，自致其知

（1）硫酸、硝酸、盐酸都是酸，它们在组成上有什么特点？有什么通性？

（2）实验室里用金属与酸反应制取氢气时，往往用稀硫酸或盐酸，而不用浓硫酸或硝酸，这是为什么？

（3）吸水性和脱水性有什么区别？

（4）稀硝酸和浓硝酸的氧化性有什么区别？

（5）什么是王水？硫酸有什么用途？

（6）硝酸和浓硫酸有什么化学性质？

四、课堂实施，答疑解难

导入：讲述科学家玻尔的故事——用王水溶解黄金，智斗纳粹的故事。

学生阅读：教材第102页，思考与交流。

资料卡片：王水。

1. 实验探究

（1）演示实验：浓硫酸与蔗糖的反应；浓硫酸与铜的反应。（由教师和学

生代表完成）

① 蔗糖与浓硫酸的反应。

操作：将预先称量的20g蔗糖放入100mL烧杯中，加几滴H_2O搅拌均匀，再加15mL浓硫酸，用玻璃棒迅速搅拌。

现象：蔗糖由白变黑，体积膨胀，呈疏松海绵状，有刺激性气味的气体生成，放出大量的热。

② 铜与浓硫酸的反应。

按图2所示实验图做实验。

实验现象：

a. 试管A中铜片的表面有气泡产生，溶液由无色变为蓝色，说明Cu与浓硫酸反应时，Cu被氧化成了Cu^{2+}；

b. 试管B中的品红溶液由红色变为无色，说明Cu与浓硫酸反应时，H_2SO_4被还原，生成了SO_2气体；

c. 试管C中石蕊溶液由紫色变为红色。

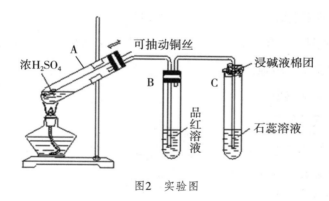

图2　实验图

补充视频：浓硫酸与碳的反应——设计一系列问题，如图3所示。

（2）探究思考。（通过小组讨论，师生共同完成）

① 试管A、B、C中，各有什么现象？

② 根据实验现象，推测可能发生了哪些化学反应？浓硫酸体现了哪些化学性质？反应后的产物是什么？

③ 如何证明浓硫酸与碳反应后的一系列产物？

④ 碳与浓硫酸、铜与浓硫酸反应中还原剂和氧化剂分别是什么？比值是多少？

⑤ 如何稀释浓硫酸？

⑥ 铜与稀硝酸、浓硝酸的反应中氧化剂和还原剂的比例分别是多少？硝酸体现出什么性质？

⑦ 如何判断酸体现出酸性？（提示：有盐生成）

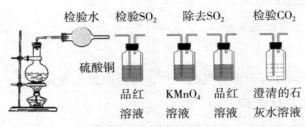

图3　浓硫酸与碳的反应实验图

（3）巩固练习。

① 在下列用途或反应中，硫酸表现出的性质。

A. 高沸点性　　　B. 强酸性　　　C. 吸水性　　　D. 脱水性　　　E. 强氧化性

第一，实验室制取氢气＿＿＿＿＿＿＿＿＿＿；

第二，实验室制取氯化氢气体＿＿＿＿＿＿＿＿＿＿；

第三，干燥二氧化硫＿＿＿＿＿＿＿＿＿；

第四，浓硫酸溶解金属铜＿＿＿＿＿＿＿＿＿＿；

第五，浓硫酸用钢瓶保存＿＿＿＿＿＿＿＿；

第六，浓硫酸与蔗糖反应＿＿＿＿＿＿＿＿＿。

② 为除去镀在铝表面的铜镀层，最好用（　　　）。

A. 稀HNO_3　　　　　　　　　　　　B. 浓HNO_3

C. 浓H_2SO_4　　　　　　　　　　　　D. 浓盐酸

③ 下列关于硝酸的叙述不正确的是（　　　）。

A. 打开浓硝酸的瓶盖会有棕色的烟

B. 硝酸常用于制炸药、农药、化肥

C. 稀硝酸与硫化钠反应的离子方程式：$2H^+ + S^{2-} \Longrightarrow H_2S$

D. 浓硝酸和浓硫酸都可用铝槽车运输

④ 下列盛放试剂的方法，错误的是（　　　　）。

A. 把硝酸放在棕色试剂瓶中，并放置在阴暗处

B. 把硝酸银放在棕色试剂瓶中

C. 把氢氧化钠溶液放在带橡胶塞的玻璃瓶中

D. 把氢氟酸放在玻璃瓶中

⑤ 下列反应中硝酸既表现酸性又表现氧化性的是（　　　　）。

A. 硝酸与氢硫酸反应　　　　　　　　B. 硝酸与氢氧化亚铁反应

C. 硝酸与氧化铜反应　　　　　　　　D. 浓硝酸与锌反应

2. 质疑、答疑（由师生共同完成）

用5min左右的时间进行师生互问（包括课前思考和实验探究的所有问题）与答疑（可以是教师回答，也可以是学生回答）。

3. 学法指导

让学生通过迁移类比的学习方法，学习稀硫酸、浓硫酸的性质，通过对比法学习浓硝酸、稀硝酸的性质，通过自己设计实验（例如碳与浓硫酸的反应）加深对浓硫酸的氧化性的理解。

4. 互助提升（通过小组讨论完成）

（1）下列关于浓硫酸的叙述正确的是（　　　　）。

A. 浓硫酸具有吸水性，因而能使蔗糖碳化

B. 浓硫酸在常温下可迅速与铜片反应放出SO_2气体

C. 浓硫酸是一种干燥剂，能够干燥氨气、氢气等气体

D. 浓硫酸在常温下能够使铁、铝等金属钝化

（2）3mol Cu和含7mol H_2SO_4的浓H_2SO_4共热，未被还原的H_2SO_4有（　　　　）。

A. 3mol　　　　　　　　　　　　　　B. 4mol

C. 少于4mol　　　　　　　　　　　　D. 一定多于4mol

（3）通常状况下既能用浓硫酸干燥，又能用NaOH干燥的一组气体是（　　　　）。

A. CO、O_2、H_2 B. O_2、NH_3、SO_2

C. H_2、Cl_2、CO_2 D. HI、Cl_2、H_2

（4）将铜片投入到稀硫酸中，铜片不溶解，加入下列物质后，可使铜片溶解的是（   ）。

 A. 稀盐酸   B. 硫酸钠晶体

 C. 硝酸钠晶体   D. 氯化铁晶体

（5）利用下列各组中物质制备和收集少量气体，能采用图4所示实验装置的是（   ）。

 ①锌和稀硫酸 ②浓硫酸和浓盐酸 ③过氧化钠和水 ④亚硫酸钠和硫酸 ⑤铜和稀硝酸

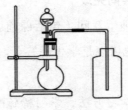

图4   实验装置图

 A. ②③④   B. ④⑤   C. ②④   D. 全部

5. 类比迁移

铜与浓硝酸反应和铜与稀硝酸反应的产物不同，实验现象也不同。

某课外活动小组为了证明铜与稀硝酸反应的产物为NO，设计了图5所示的实验装置。请你根据他们的思路，选择下列药品，完成该实验，并叙述实验步骤。

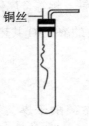

铜丝

图5   实验装置图

药品：稀硝酸、稀盐酸、锌粒、$CaCO_3$固体。

（1）步骤：

① 检查装置的气密性；②_____；③_____；

④_____；⑤_____；⑥用注射器向试管内推入氧气或空气。

（2）推入氧气或空气的目的是_____。

答案：

（1）向试管中加入一定量的$CaCO_3$固体；向试管中倒入过量的稀HNO_3，并迅速盖上带铜丝和导管的橡皮塞；待反应完全后，将右边导管插入试管内接近液面；将铜丝插入溶液中。

（2）检验生成的NO气体。

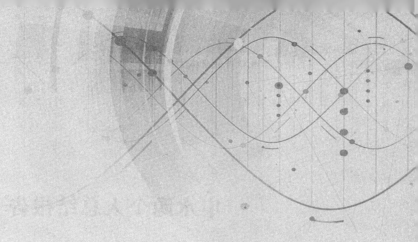

总结反思

篇

申水源个人总结报告

申水源，男，1973年8月出生，中学化学高级教师，大学本科学历，广东省骨干教师培养对象，顺德区首批名教师。2003、2005、2006、2008和2009学年被聘为"顺德区高中化学学科中心教研组成员"，2005和2007学年还被聘为"佛山市化学学科高考备考指导小组成员"，2005学年被区教育局推荐加入佛山市义务教育阶段（初中）新课程改革评价系统研究专家库，2007年光荣参加佛山市教育局组织的中考命题工作，2008年参加佛山市"一模"和"二模"的命题工作，2011年被区推为广东省普通高等院校招生考试命题教师，2013年参加广东省学业水平考试命题工作。主要工作总结如下：

一、政治思想

作为一名共产党员，政治坚定，爱国守法，为人师表，有极强的事业心、责任感和教育情怀。多年来，工作积极主动，勇挑重担，顾全大局，乐于奉献，始终坚持战斗在教学第一线，深受学校领导和教师的一致好评，在学生及家长中都有很好的口碑。2004、2006、2008、2010和2011学年被顺德区教育局评为"优秀共产党员"。

二、教育教学

"没有爱就没有教育，没有责任感就干不好教育"。这是我做班主任的理念。

本人在过去9年的班主任和2年的正年级长工作中，逐步探索总结出一些行之有效、科学的管理方法，所带的班级班风正、学风浓、成绩优，深受学生喜欢，许多家长托人把学生送到我班。在班级管理中，我坚持"以学生为本"的宏观管理意识，特别注重对学生的几个培养：①培养学生积极、乐观、健康向上的心理；②培养学生的兴趣，充分挖掘学生的潜能，全方位培养他们的个性；③培养学生的自我管理能力，许多事情我都放手让班干部去管理，本人经常只充当一个参谋的角色。"一分耕耘，一分收获"，特别在培优和后进生转化工作方面，效果明显，每年后进生转化率都达100%。比如，2004年帮助了成绩较差和思想懒散的潘××、苏××两位同学顺利升入大学，2006年帮助家境贫寒、平时缺乏信心的梁××、蔡××同学考上国内名牌大学。自己也先后被评为"顺德区优秀班主任""佛山市优秀班主任"。

我的教学理念："教师的真正本领，不在于他是否会讲述知识，而在于他是否能激发学生的学习动机，唤起学生的求知欲，让他们兴趣盎然地参与到教学过程中来。"经过自己多年的探索和总结，如今创设了"1+3"学习模式，即深度学习+三助式学习（师助、自助、互助）。实施了"1+3"学习模式的教学方法后，在课堂上我和我的学生一起去发现学习中的问题，大胆质疑，讨论时畅所欲言、各抒己见，真正实现过去教学中的陈述性知识转变为程序性知识，学生的潜能被唤醒，记忆被激活，心智被开启，情愫被放飞，培养了学生敢想、敢说、敢问、敢标新的创新精神，深受学生的喜欢，形成了自己独特的教学风格。更可喜的是"1+3"学习模式已经在我校所有学科、佛山教研室（化学）、三水教研室（化学）、肇庆广宁教研室（化学）、广西桂林逸仙中学等地推广，无论领导还是教师都很欣赏"1+3"学习模式，都愿意将其用在自己的课堂。

本人从教23年以来，无论是做副主任还是副校长，都坚持在教学第一线，在学校教师中起到了榜样的作用。我喜欢也很享受我的课堂。尽管我校的生源情况比兄弟学校明显低一个档次，但在教学中我能因材施教，尤其是在创设了"1+3"学习模式后，课堂上特别能调动学生的学习兴趣和积极性，挖掘他们的内在潜能，课后抓落实重实效，教学成绩显著。比如2004年和2006年高考化学单科成绩排名均居顺德区第二（生源区排名第四），创我校高考化学单科有史以来两次最好的成绩；2014—2015年高三年级每次模拟考试，任教的高三（4）班的化学单科平均分都排名全区第一；2016—2017年担任高三（5）班的化学教学工作，高三每次模拟考试，任教班级的化学单科平均分都排名全区第一或第二。在辅导学生参加化学竞赛方面的成绩也很突出，特别是2011年，我校三位同学获省一等奖，在顺德区排名第二，这是我校目前参加高中化学竞赛最好的成绩。本人曾先后获"顺德区化学学科带头人""顺德区骨干教师""顺德区优秀教师""佛山市优秀教师""广东省骨干教师培养对象""顺德区首批名教师"等称号。

三、教育科研

在教育科研道路上，我坚持做到"三勤"：勤学习、勤探索、勤总结。2003年参加中国教育学会化学教学专业委员会"十五"科研课题"中国化学最优教学研究与实验"的研究，在课题结题评比中获课题成果二等奖；2013年主持广东省教育厅科研处"十二五"科研课题"开发学生潜能，构建高效化学课堂模式"（获省区课题经费支持6万元）。2003年参加由广东省教学教材研究室组织的《中学化学学生实验册》编写工作；2006年5月作为副主编参加由广东省教育厅教学研究室组织的针对2007年广东新高考的《化学备考指导》编写工作；2009年作为副主编编写高中化学教辅资料《学海导航》（化学）必修1；2011年主编高中化学教辅资料《名师面对面》（化学）选修4和选修5；2014年主编《全优课堂·高考二轮专题析与练》（化学）；自己经过多年总结完成的专著《源头活水——高中化学教学与教研探究》于2020年交由吉林大学出版社出版。23年以来主编或参与编写了14本中学教材或教辅资料，还有20篇发表论文获顺德区二等奖以上奖励。

四、团结同事，共同提高

作为广东省骨干教师培养对象、顺德区首批名教师以及我校主管教学的副校长，任何时候我的课堂都是开放的，无论是组内还是组外的同事都可以随时搬个凳子去听课，我绝不会"猫教老虎留一手"，而且经常带头在全校上公开课或示范课。平时我主动承担培养青年教师的任务，2009年指导王纯老师，2011年指导徐启桉老师，2013和2014年指导陈焕龙老师，2016年指导邵佳旭老师，2017年指导郑弅老师，并且多次担任华南师范大学实习生的指导老师。经常以"徒弟听师傅的课"的形式开展教学与指导工作，"师傅听徒弟的课"每学期不少于10节，师徒间经常交流和探讨。这样一来，青年教师成熟的周期就大大缩短了，基本上做到了"一年站稳讲台，三年拿出成绩，五年有所成就"。现在这几位老师已成为我校乃至我区化学学科的骨干教师。

五、坚持学习，不断进步

多年来，本人坚持自觉学习政治理论知识，不断提升自己的思想政治觉悟和事业责任感。在业务方面，反思近年的教育教学工作，我深感自己视野不够开阔，知识能力水平有待进一步提高，尤其是在知识的更新换代方面还需下大功夫。我充分利用工作空余时间，努力学习最新的教育教学理论，坚持关心教学改革的最新成果，并予以选择、消化和吸收，使之成为个人和学校这个团体发展壮大的养料。此外，我还先后参加了省市区组织的骨干教师、新高考、新课程、课堂教学改革等各类培训，自己也多次在学校、区、市或外地做有关教育教学和课堂教学改革的专题讲座。为了更好地工作，我一定更加努力地学习，不断提升自己的教学水平。

广东省中小学骨干教师省级培训总结

光阴似箭，日月如梭，转眼间，为期一年的"广东省2010年中小学骨干教师省级培训"就要结束了，回首这段时间的培训活动和生活学习，我内心充满无比感激和快乐。感激一方面来自省教育厅将全省每个地级市的52位高中一线化学教师聚集在一起并提供这样一个学习和交流的机会；另一方面来自广东第二师范学院和梅州东山中学范宜潜名师工作室在学习与生活上对我们无微不至的关怀。快乐一方面来自省教育厅和广东第二师范学院精心为我们安排了丰富的内容，有聆听国内知名专家和大师的讲座，有去省重点中学参观，有去名师工作室跟岗学习……让我们每天的生活既充实又难忘；另一方面来自在一年的培训中我和全省各地的教师结成了深厚的友谊。一年的培训即将结束，在学习期间有时很辛苦，尤其跟岗学习期间，但苦中有乐，我觉得自己在快乐中有所收获，在快乐中得以提高，获益匪浅，感受颇深，现从四个方面总结如下：

一、更新了自己的教育教学理念，拥有了更加健康的心理

此次教师培训共分四个阶段。第一阶段就是全国知名专家和大师们不同类型的讲座，每一天都能感受到思想火花的冲击。在这里，四处弥漫着一股浓浓的暖意，为我们讲课的专家和学者身上体现的兢兢业业、严谨治学的敬业精神令人感佩，他们热情开明、平易近人的态度使人倍感温暖。"我们一辈子热爱这个职业，我们一辈子快乐；我们一辈子讨厌它、鄙视它，我们一辈子痛苦。"通过学习，我懂得了：一个快乐幸福的人，一定会工作得很好。一个快乐幸福的人民教师，书也一定教得很好！

二、对听课、评课、反思的认识更加清晰

听课、评课是骨干教师必备的素质之一，是一项基本功，是衡量教师业务水平的重要指标。每位教师都对听课、评课很熟悉，回顾我以前的听课、评课，发现我对它的理解是片面的、单一的、浅层次的。在平时的教学中我也常常反思，但我的反思有时不及时，有时是浅层次的，缺乏对理论的提升。在名师工作室跟岗学习期间，范宜潜校长带领我们认认真真听课、评课、上课、反思等，范校长要求严格，教导我们"做好教学反思，促进专业成长"。通过一个月的跟岗学习，我懂得了今后听课要从学生的角度出发，评课的视角和层次要多，考虑问题也应比较细致，要不断在反思中成长。

三、对以后提出了更高要求

学然后知不足，这是我的一个体会。过去，我一直把自己当作一位"传道、授业、解惑"的教书先生，但是，经过培训后，我觉得教师绝对不能仅仅是一位教书匠，它应该是育人者——一个灵魂唤醒另一个灵魂。十年树木，百年树人。未能引起人灵魂深处的变革不能称为真正的教育，在今后的工作中我要用自己的实际行动证明教师这一职业的光辉与神圣。

四、教育教学中要富有创新精神，培养学生创新意识

在教育改革和课程改革以及教师体制改革风起云涌的今天，对学生的培养不能再循规蹈矩，必须通过教师创造性的工作去寻找适合自己教育对象的方式方法。在以后的教育教学工作中，我应该在模仿、学习他人经验的基础上，总结、思考自己的经验，结合自己的特点及优势，加以创造性运用，逐步形成自己独特的风格。要不断扩展自己的知识和兴趣爱好，以便从各种渠道获取的信息中得到启发。要培养学生的创新意识，教师首先要在教育教学中展示自己的创新成果。

总之，通过这一年的培训，我开阔了视野，学习了很多教育教学的新理念、新思想，思想上受到了极大的鼓舞，这必将为我今后的教育教学工作起到

很好的推动作用。不经一番寒彻骨，哪得梅花扑鼻香。在今后的日子里，我将不断地学习理论知识，用理论指导教学实践，研究和探索教育教学规律，把科研和教学结合起来，做一个专家型、学者型的教师，争取做一位名教师。

　　路漫漫其修远兮，吾将上下而求索！

广东省骨干教师培训跟岗学习总结

2010年10月9日下午4点，我坐了6个多小时的大巴（中途不停车），饿着肚子，拖着一个大大的旅行箱来到梅州参加广东省骨干教师培训第二阶段的跟岗学习。说实话，当时心里是十二分的不愿意，郁闷啊，自己从发达的珠江三角洲顺德到山区梅州来学什么呢？不过，心里想：既来之，则安之。当我来到目的地——梅县东山中学时，我震惊了，学校有7000多名学生（全高中），还有叶剑英母校、省重点中学、全国重点中学等荣誉再与我的导师范宜潜校长一接触，他的为人做事、个人事迹深深触动了我，心里顿时发生了180°的大转变：这次跟岗学习的地点来对了，觉得很幸运！后来，事实也证明了这一点。

光阴似箭，日月如梭，20天过去了，我觉得收获非常多，这次跟岗学习为我的人生翻开了与众不同的一页。无论是在思想上，教学技巧上，还是在对待教学以及生活的态度上，我感觉都发生了本质的变化，它将从很大程度上影响我以后的教学生涯和人生态度，从而让我更好地服务于教学，享受教育的幸福。现将自己跟岗的情况和体会简单总结如下：

一、端正态度，做好"学生"，认真学习

我每天准时到达学习地点，参加课题开题、课题研究、听讲座、听报告、上课、听课、评课等，从未迟到、请假，为了完成导师安排的任务，经常加班，有时晚上加班到凌晨1点，超额完成省教育厅安排的任务，最后在学员综合测评中，本人很荣幸获得了第一名。

二、更新了教育观念，提升自我

从名师工作室主持人范宜潜老师（全国优秀教师、全国骨干教师、广东省特级教师、广东省教育厅评定的四个化学名师之一）身上，我得到的远不只专业的知识和做学问的方法，更多的是他执着于事业、严谨勤奋、潜心钻研、孜孜不倦的高品位的生命形式和作为教师、学者的闪光的人格魅力给我的感染。在这里，我开阔了眼界，拓宽了思路，转变了观念，能站在更高的层次上反思我的教育教学，能更严肃地思考我所面临的挑战，思考未来的路如何去走。

三、改变原有的教学方式，在学习、合作中求发展

本次跟岗学习的11位同学都是来自全省各地级市精选的骨干教师，在平时的交流学习中，经常有令人耳目一新的见解和理念，无不使我震撼。同时让我对化学教学的思考进入了一个更深层次，深感自己的灵魂在净化，视野在敞亮，内心更走向了澄明，它给我的教育教学生涯注入了有活力的血液……

在这次学习中，我按照培训的安排参加了东山中学三次化学教研组活动，真正明白在教育改革的今天，教师之间的学习、合作太重要了。东山中学的化学教师共有40来位，分年级办公，教研活动也是以备课组为主，他们与我们一样每周安排两节教研活动，除非有特殊情况，否则他们的教研活动不会停，他们的活动模式大致差不多，可能是多年形成的。具体教研活动如下：学科组长（或副组长）主持—先说说学校的一些安排或通知—学习化学理论知识—备课组安排教师主讲当周新课的设计和安排（相当于说课）—同备课组教师发言，谈上课中的注意事项及自己的处理方法—主持人总结，主讲教师记录，然后将做好的课件交由每位教师共享—会议结束。我感觉有两点值得我们学习：①在教研活动上学习理论，与时俱进；②真正体现了同科组教师在学习、合作中求发展的理念。

四、学会自我调节，让自己幸福着

如果教师的心理问题不解决好，那么不仅会影响教师本人的身体和心理的

健康与发展，而且在很大程度上会影响教师的工作质量，因此，教师心理方面的自我调节非常重要。教师，是一种崇高的职业，通过学习，我感觉以后要把它当作自己的一项事业，开开心心工作，享受教育教学！

总之，学无止境，此次跟岗并不是学习的终结，而是今后不断学习提高的开始。为了理想中的教育事业，为了让自己成为一名合格的骨干教师，路漫漫其修远兮，吾将上下而求索！

他山之石，可以攻玉

2015年10月8—14日，在顺德区教育局的统一安排下，在华南师范大学领导和教师的带领下，顺德区校级干部培训班的全体同学前往成都和重庆两地考察学习。此次考察，学习内容丰富，时间安排紧凑，甚至每天中午都没有休息时间，要么聆听专家教授的讲座，要么参观当地知名的高中和职中。虽然此次考察学习只有短短7天时间，但我受益匪浅。比如在参观重庆巴蜀中学和重庆南开中学时，他们独特的办学理念，与时俱进、以人为本的学校管理制度，丰富多彩、氛围浓厚的校园文化，都给我留下了深刻的印象。古人云："他山之石，可以攻玉。"在学习考察过程中，我也做了一些反思。

一、校长的教育智慧是学校发展之基石

校长的成功意味着学校和校长个人的共同成功。我们参观了几所学校，发现这几所学校的校长都有一个共同点：精管理、善研究，个个都是教育专家。可以说名校的发展离不开校长的教育智慧，有智慧的校长是引领学校走向成功的桥梁。有人说"一所学校成在教师，败在校长"，其寓意令人深思。

二、校园文化是打造特色品牌学校之关键

有特色的学校不一定是成功的学校，但成功的学校一定是有特色的学校。巴蜀中学的"培养民族的精英"、南开中学的"培养走向世界的人才"、巴蜀中学的"国际象棋传统学校"、南开中学33位"两院"院士的培养……每个学

校都有不同的特色，给我留下了深刻的印象。还有成都市蜀兴职业中学，这所校园面积只有16亩（约10666.7平方米）的麻雀式学校，当他们的学生向我们展示专业才艺的时候，不只我们这些普通高中的教师，就是职业高中的教师也叹为观止。所以说学校在建设与发展的过程中，需重视的不仅是现代化校舍和教育设施的建设，更重要的是独特校园文化的建设。校长要成为学校文化的倡导者，要有超前的教育理念，引导全体师生员工参与建设，挖掘学校深厚的文化底蕴，努力将学校打造成人才成长的摇篮。小校园，"大文化"，才能出名师，育名生，办名校。

三、教师的事业热情是学校发展之根本

在这几天参观的学校中，学校领导都会说到他们如何解决教师的后顾之忧，激发教师的事业热情的问题。如帮助教师解决小孩读书、住房的问题（甚至有些教师有几套房，这都是学校或政府通过一些政策为教师提供的福利房，比市场便宜很多）。还强调他们的教师在这里工作的幸福指数很高。真的是这样吗？带着这个疑问，我们私底下找了几个教师了解，后来发现正如他们校长所说，虽然他们的工资不是很高（相对当地不低），但他们过得很开心，平时只要把工作做好，其他很多事情学校都会替他们考虑。特别在重庆巴蜀中学，一位教师指着学校旁边的一栋高楼自豪地对我们说："我就住在这里，这是学校高级教师楼，外面人有钱也买不到。"看到他们的幸福生活，再想想顺德，经济如此发达的一个地区，又处在改革开放的前沿地带，应该更有条件实现教育的腾飞，而恰恰相反，顺德教育不能体现其应有的优越性。比如高中，教师们的事业热情不高（老师都是从全国引进的优秀教师），很多教师都不想做班主任，也有些教师不想带高三，还有些教师连行政都不想做，我想这主要是因为教师们的事业热情没有调动起来。那么该如何调动教师们的事业热情呢？我认为，适度的激励机制和及时准确的奖惩制度是激活全体教师事业热情的好办法。在学校管理上，要坚持用制度管理人，用校园文化管理人，通过成就事业留人、培养感情留人、提高待遇留

人，给予实干、能干的同志充分的权力、信任和肯定，让每一个教师关心学校，发挥潜能，全身心投入教育教学工作，创造业绩。

取彼之长，可以补己之短。这次学习的时间虽然短暂，但是给我们的启发却是很深、很长远的。

在培训班结业典礼上的讲话

尊敬的各位领导、敬爱的导师、亲爱的学员们：

上午好！我是顺德华侨中学的申水源。

今天是一个收获喜悦的日子，又是一个依依惜别的日子。曾记得2014年6月15日，我们的开班典礼在顺德一中举行，那也是我们第一次相聚。而现在，眼看我们这个培训班就要结业了！回首这两年多的学习生活，有许多感悟值得梳理，有许多精彩值得回味，今天我的发言分三个部分。

一、感谢

感谢领导和大家对我的信任和关爱，让我在结业典礼上代表大家发言，向各位领导和专家汇报我们的学习体会，谢谢！接下来，我要代表大家真诚地表达感谢：一是要感谢顺德区教育局的领导组织这次顺德区高中（职校）校级干部、中层干部培养对象培训班，为我们提供了充电、加油的机会；二是要感谢华南师范大学基础教育培训与研究院领导和教师的精心组织、热心服务，为我们提供良好的学习环境；三是要感谢各位授课专家、领导的精彩讲座，让我们提高了理论认识，增强了实践的理论指导；四是要感谢在座的各位学员，我们的相聚相识，交流交心，让我们在认识新朋友的同时，更获取了难得的学校管理经验和做法。

二、感受与收获

1. 拓宽了视野

回顾所有的培训，时间上安排紧凑，学习内容丰富，让我们收获了一场场营养而回味无穷的精神盛宴。无论在广州跟岗学习，还是在珠海和深圳两地学校的培训以及前往成都和重庆两地的考察学习中，珠三角学校文化建设独具特色，滋养人心；学校教学管理理念新而巧，引人深思，促人深省；知名校长的经验介绍充满智慧，让人如沐春风。巴山蜀水钟灵毓秀，独特的自然环境、悠久的历史积淀，成就了独特的巴蜀。重庆巴蜀中学和重庆南开中学，他们拥有深厚的文化底蕴而又兼具时代气息，办学理念独特，以人为本，校园文化丰富多彩、氛围浓厚。珠三角和重庆，相隔遥遥，但他们的教育却一样闪耀着智慧的光芒，浸润着教育引领者爱的芬芳。灵动宁和的校园，德艺双馨的教师，儒雅明达的校长，都给我留下了深刻的印象，受益良多，也感慨颇多，真是学无止境。古人云：他山之石，可以攻玉。

2. 提升了高度

本次培训形式有专家讲课、理论学习、参观考察、跟岗学习等，我们大家广泛接触到了新知识和新信息，管理理念发生了新的变化。理解了校长角色的特点，明确了不同学校的定位，为今后的工作积累了一定的理论基础。

3. 坚定了信念

新理念、新话语、新思路是本期培训班学员们谈论最多的话题。比如成都市蜀兴职业中学，这所校园面积只有16亩（约10666.7平方米）的麻雀式学校，当他们的学生向我们展示专业才艺的时候，所有前去学习的老师无一不感到震惊和敬慕。面对中学、职中办学中的种种困难和问题，大家振奋了精神，坚定了信念，以积极的态度来分析和商量解决它们。

4. 获得了友情

两年多的培训，大家在互动中学习，在交往中提高，都成了朋友，为今后学校间的往来交流打下了良好的基础。

三、憧憬与希望

各位学员，培训班结束并取得合格证书，只是一个新起点的开始。我衷心希望大家能将这次在培训中学到的理念用到学校的管理中去，不断学习、思考、探索。

尊敬的领导们：我们一定不会辜负你们对我们的殷切希望的！

敬爱的童宏保老师：师恩难忘，能成为您的学员是我们的福气！您的谆谆教诲我们会永远铭记在心。弟子们也在此默默地深深地祝福您未来的日子永远健康快乐！

亲爱的伙伴们：虽然毕业了，培训班学习时间有限，但交流无限，友谊永存！让我们相约，在今后的工作学习中，我们要一如既往地互相多学习、多交流、多碰撞，让我们都一直怀着一颗感恩的心，加倍努力，为我们的学校，为我们的顺德教育更加灿烂和辉煌的明天奉献出我们的微薄力量！

"长风破浪会有时，直挂云帆济沧海。"期待我们顺德教育腾飞辉煌之时。

谢谢。

广东省骨干教师培养对象自评报告

本人很荣幸成为广东省第一批骨干教师培养对象，在几年的培养中，本人以积极上进、埋头苦干的作风，认真履行职责，培养期间被评为顺德区首批名教师，基本完成了各项工作任务。自评如下：

一、政治思想

作为一名共产党员，为人师表，有极强的事业心和责任感。多年来，工作积极主动，勇挑重担，锐意改革，开拓创新，始终坚持战斗在教学第一线，深受学校领导和教师的好评，在学生及家长中都有很好的口碑。

二、学科教学

我热爱我的课堂，也很享受我的课堂。近几年无论是担任教务副主任还是副校长，我都坚持在教学第一线，形成了自己独特的教学风格，而且还主动担任竞赛辅导工作，教学成绩突出。无论在哪一个年级，所任教班级在全市或全区统考中，不是排第一就是排第二，在学校教师中发挥了榜样的作用。近六年的教学工作如下：

2014—2015学年，高三；

2015—2016学年，高一；

2016—2017学年，高三；

2017—2018学年，高一；

2018—2019学年，高二；

2019—2020学年，高三。

三、教书育人

虽然现在我不做班主任了，但一直主管年级的工作，在平时的年级管理中，我依然特别注重对学生的几个培养：①培养学生积极、乐观、自信、阳光、健康向上的心理，向全体同学提出"做一个幸福的人"的理念；②培养学生的兴趣，充分挖掘学生的潜能，全方位培养他们的个性，高中三年分别组织同学们学工、学农、学军，深受学生和家长的喜欢；③培养学生的自我管理能力，鼓励我校班主任经常只充当一个参谋的角色，这几年还在年级推行了诚信考试。近六年的教学工作中，两年主管高三工作，成绩斐然，其中，2014—2015学年，经过我的精心规划，创新备考，扎实工作，带领全体高三教师首次提出了"侨中梦——重点突破100人"，最终实现了我校重点上线人数139人，比2014年翻了近一番，在全区排名第三（生源排名第四），创造了我校高考一个奇迹，最后被佛山教育局评为"高考优秀单位"（当年顺德共五所学校获得此荣誉，我校第一次获得），还得到了区教育局的特别奖励。2016—2017学年，由于第一年担任我校教学副校长，主动主管高三工作，当年再次创下了我校高考新辉煌，比2016学年重点上线人数净增42人，增长率为33.6%，为我校60周年华诞献上一份厚礼！

四、学科教研

在教科研道路上，我坚持做到"三勤"：勤学习、勤探索、勤总结。

（1）2014年，主持广东省教育厅科研处立项课题"开发学生潜能，构建高效化学课堂模式"。

（2）2015年6月，参与华南师范大学化学与环境学院课题"化学规律课例研究"的研究。

（3）2018年10月，论文《从学生的角度谈等效平衡的教学》发表于《教育现代化》。

（4）2019年6月，论文《基于核心素养下化学课堂教学"1+3"学习模式的探究》荣获"中学化学教学参考编辑部"一等奖。

五、示范引领

（一）承担公开课

（1）2015年10月，执教学校骨干教师示范课"氧化还原反应"。

（2）2016年12月，执教学校公开课"陌生化学方程式的书写"（高三复习课）。

（3）2018年3月，执教学校公开课"化学反应速率与限度"。

（4）2019年3月，受广宁县教育局教研室的邀请，在肇庆广宁中学执教全县化学教师公开课"脂肪烃"。

（二）专题讲座

（1）2019年2月，在我校全体教工大会上做"1+3学习模式"专题报告。

（2）2019年2月，在佛山市高中化学深度教研项目研讨活动中做"1+3学习模式"的课题研究与经验推广的讲座。

（3）2019年4月，在顺德区2018年化学学科新教师培训班上做"基于核心素养下化学课堂教学"1+3"学习模式的探究"的专题报告。

（4）2019年4月，为江门市新会区教育局高中音乐和美术教师做专题讲座。

（5）2019年7月，受邀为广西桂林逸仙中学做"基于核心素养下化学课堂教学"1+3"学习模式的探究"的讲座。

（三）培养、指导青年教师情况

作为广东省骨干教师培养对象、顺德区首批名教师以及我校主管教学的副校长，任何时候我的课堂都是开放的，无论是组内还是组外的同事都可以随时搬个凳子去听课。平时我主动承担培养青年教师的任务，近几年担任我校陈焕龙、徐启桉、郑羕、何佩玲等教师"师徒结对"的导师，并且多次担任华南师范大学实习生的指导老师，对青年教师的培养指导认真负责，措施到位，方法灵活，经常与他们探讨问题，交流心得，现在徐启桉、陈焕龙、郑羕3位老师已成为我校化学科的骨干教师。比如徐启桉老师被评为顺德区学科优秀教师、顺德区教书育人优秀教师，2015年参加广东省中学化学教师化学实验能力大赛获一等奖，2016年参加顺德区高中化学青年教师教学基本功比赛获一等奖等；陈焕龙老师2014年获顺德华侨中学青年教师教学大比武课堂教学一等奖，2017年获佛山市高中化学青年教师试题素养大赛一等奖等；郑夯老师2017年获顺德区普通高中教师原创题设计评比特等奖，2017年获广东省中学化学学术年会暨课题教学成果评选一等奖（微课），2018年参加顺德区高中化学青年教师教学基本功大赛获一等奖等。

六、一分耕耘一分收获

（1）2014年，获全国高中化学优质课评比一等奖。

（2）2015年，获"顺德区优秀教师"称号（顺德区教育局）。

（3）2017年，在顺德区普通高中教师原创题设计评比中荣获特等奖。

（4）2017年，在顺德区高中教师解题能力大赛中荣获二等奖（全区第五名）。

（5）2018年，获"顺德区首批名教师"称号（佛山市顺德区人民政府）。

（6）2019年，被佛山市教育局教研室聘为佛山市高中化学中心教研组课题组成员（2019—2020学年）。

朱永新教授说教师职业有四种境界：

（1）是让学生瞧得起的老师。

（2）是让自己心安的老师。

（3）是让学校骄傲的老师。

（4）是让历史铭记的老师。

我的梦想是做第四种老师。

路漫漫其修远兮，吾将上下而求索！

教 学 反 思

本人申水源，1997年毕业于湖南师范大学化学系，一晃从教23年，2007年被聘为中学高级教师，多年担任高三教育教学和管理工作。

我的信念是"不干则已，干则一流，没有最好，只有更好"。正是在这种信念的激励下，从教23年以来，始终坚守自己的诺言，用心做好每一件事，真正做到了静下心来教书，潜下心来育人，力争做学生爱戴、家长满意的教师。曾先后获"顺德区优秀共产党员""顺德区优秀班主任""佛山市优秀班主任""顺德区化学学科带头人""顺德区骨干教师""顺德区优秀教师""佛山市优秀教师""广东省骨干教师培养对象""广东省化学教研积极分子"等称号。

我的教学理念是"教师的真正本领，不在于他是否会讲述知识，而在于他是否能激发学生的学习动机，唤起学生的求知欲，让他们兴趣盎然地参与到教学过程中来"。20多年来，我积极参加教育教学改革，在教科研道路上，坚持做到"三勤"：勤学习、勤探索、勤总结。先后进行了讲学稿、导学案、"271高效课堂"等的探究，如今创设了"1+3"学习模式，即"深度学习+三助式学习（师助、自助、互助）"，目的是引导学生主动去寻找学习中的问题，然后通过三种方式去解决问题。实施了"点拨、实验、研讨和自主探究"的教学方法，多年以来所任教的班级均取得了全区前列的好成绩：

（1）2004年，担任高三（6）班的化学教学，原始平均分高达121分，居顺德区第二名（生源区排名第四），各项指标创我校高考化学单科新高。

（2）2006年，所任教班级化学平均分57.75分，再次居顺德区第二名（生源区排名第四），全佛山市排名第四，多项指标打破我校高考化学单科的记录。

（3）2008、2009年，所任教班级的化学成绩都排名全区第三（生源区排名第四）。

（4）2012、2015年，所任教班级的化学成绩在每次区统考中都排全区第一名（高考只有综合科总成绩）。

因为受到我高中班主任的影响，从中学开始我就很想做一名优秀的教师，从教23年，回想过去有得有失，许多都变了，唯一不变的是我的教育情怀，而且现在我更加热爱我的职业。虽然我已经是副校长，但依然坚持上课，因为我热爱我的课堂，一站上讲台就热血沸腾，特别是近一两年自己创设了"1+3"学习模式，形成了自己独特的教学风格，现在我教的班级课堂更活跃，作业变少，师生变轻松，学生对知识的掌握更好了，成绩也大幅度提升了，所以现在非常享受教师这份工作。比如前几天我在讲苯的物理性质时，说实话，这个知识点真的不难，平时老师们讲完之后，一般会说"请同学们背下来，这里的知识经常考"。尽管如此，真正到考试的时候，很多学生就忘记了，不是他们笨，也不是他们没有背，关键是这样教的知识只停留在陈述性知识上，效果不是很理想。当时我尝试用"1+3"学习模式，利用实验临时预设问题，让他们想办法去解决，学习效果不一样了！

一分耕耘，一分收获，这些年来，我在教学上参加各级各类竞赛也取得了一些成绩，特别是2014年代表广东省参加全国高中化学优质课评比荣获一等奖，其他获奖如下：

（1）1997、1998学年,连续两年获"全国初中化学竞赛（天原杯）园丁奖"。

（2）2001年，广东省中学化学青年教师实验能力大赛一等奖。

（3）2006年，广东省"十五"课题成果评比二等奖。

（4）2008年，获"佛山市高中化学竞赛优秀辅导员"。

（5）2009年，佛山市全体高中化学教师基本功大赛一等奖。

（6）2011年，广东省优质课评比二等奖。

（7）2011年，获"广东省高中化学竞赛优秀辅导员"。

（8）2011年，获广东省骨干教师课堂教学评比一等奖。

（9）2011年，获广东省普通高中教师职务培训"优秀学员"。

（10）2013年，获全国高中学生化学素质和实验能力竞赛"优秀辅导员奖"。

（11）2014年，获全国高中化学优质课评比一等奖（中国教育学会化学教学专业委员会）。

（12）2016年，在顺德区中小学学科微课比赛中，"有机物酸性（或碱性）燃料电池正负极的书写"微课作品荣获一等奖。

（13）2017年，在顺德区高中教师原创题设计评比中荣获特等奖。

（14）2017年，在顺德区高中教师解题能力大赛中荣获二等奖（全区第五名，区唯一校级领导获奖）。

不做漂流的"鲁滨逊"

——三校联盟，推进中青年教师专业成长机制

清风拂面，柔水细语。

"恭喜申水源主任的观摩课《中学常见化学仪器液体体积读数误差分析》荣获全国高中化学优质课评比一等奖。"今天的升旗礼上得知获奖消息，我思考很多。从教已近20年，加之行政工作繁忙，真的不敢想象我还会在教学上取得这么高的荣誉。回首来路，我真的要感谢我的"教师徒弟"，感谢学校给我提供这次参加三校联盟的机会。

一、"彷徨"

在过去十几年对教育教学孜孜追求和潜心钻研下，我取得了很多傲人的成绩。先后获得广东省中学化学青年教师实验能力大赛一等奖，佛山市全体高中化学教师基本功大赛一等奖，广东省骨干教师课堂教学评比一等奖，广东省优质课评比二等奖，广东省"十五"课题成果评比二等奖；还被评为"顺德区化学学科带头人""佛山市优秀班主任""顺德区骨干教师""广东省化学教研积极分子""顺德区优秀共产党员""广东省高中化学竞赛优秀辅导员""佛山市优秀教师"，广东省普通高中教师职务培训"优秀学员"等。就像我的前辈和同伴们说的那样，你已经达到了优秀教师的标准，换句话说，剩下的教学时光我可以安心地享用自己前面20年积蓄的一切。有那么长的一段时间，我自己也这样认为。

二、"呐喊"

但这并不是传说中的"混日子"，而是似乎没有了再跃进一步的斗志和激情。这种现象在我们学校还非常普遍。鉴于面临的教师结构和现状这种尴尬境地，盘日伟校长高屋建瓴地提出"三校联盟"的设想，即联合顺德区其他两所和我们遭遇同样困境的兄弟学校共同改变。孔子说"三人行，必有我师焉。"俗语又说"众人拾柴火焰高"。三个学校既可以互帮互助，又不会因为参与学校和人数太多而给实际操作带来更多的阻碍。"三"也是我们所有学校的共同愿景，道家说"一生二，二生三，三生万物"，希望三校联盟可以产生更多的教育之花、教育之果。

学校给我安排了两名教师徒弟，分别是北滘中学的张一放老师和桂洲中学的雷鑫老师。"三校联盟"给我下的任务指标是，一个循环下来教师的教育教学水平有较大的提升，也就是通过考核教师徒弟来考核我这个师傅。具体的安排是，"师徒结对"的第三年，两个徒弟都要在顺德华侨中学任教高三年级，学生的满意度、高考的完成情况、教师专业发展、教师的论文写作等都是考查项，也就是说这些也全部是考查我的内容。

接到这个任务真的是喜忧参半。喜的是盘校长及兄弟学校对我的信任。要知道，在教学方面我已经平静生活好久了。忧的是该如何完成这样的任务。我们常常说要给学生一碗水，教师就得有一桶水。面对名牌大学毕业的这两位充满闯劲、富有激情的年轻教师，我要幻化为一条涓涓溪流才行啊！身临窘境，我也曾想过退缩，应付了事。但那么多的期待叫我怎么能转身回头呢？临阵脱逃还是顶着压力上？经过一番激烈的思想斗争，我决定挑战自己，让自己在后20年的教学里一样可以闪光，不，是更加耀眼。我要为自己的职业生涯再添绚烂的一笔！

决定做了，决心也下了，剩下的什么都不知道。做什么事就要做到最好！这是我一直以来做人做事的标尺。时不我待，说做就做。他们刚毕业，思想新，方法新，教给他们的东西绝对不能是单纯经验的传授。鉴于此，我认为最重要的就是给自己充电。只有不断地完善自身才能更好地帮助两位青年教师成长。我买来最新的相关的初中和大学教材，还购买了一些化学界发展前沿的书籍，另外还有全国各地多套教材和时下流行的教育教学心理书籍。利用所有的假期和休息时间，经过一年的磨炼，我可以肯定地说"我是一位'新'老师"。我了解了最前沿的化学发展动态；吃透了各地教材和高考题目；对师生的心理有了与时俱进的新思考。当我写完一篇又一篇教学论文和教学反思时，我就知道，我这个教师在"三校联盟"活动中是真的受益了，并不是当初想象的那样只有给予。

与此同时，我们的特殊的"师徒结对"工作也进行得如火如荼。通过网络电话，我们三个认真地备好每一节课。大家都提前一周备课，然后三个人不署名交换并写出自己的修改意见。我研究三篇教案及修改内容，提出问题，三人研讨，最后成稿。课后，我们要分享课后记，以弥补不足，尽快提升。每一次小测我也要求两位教师分析学生情况，有针对性地提出下阶段改进方案。两位教师谦虚好学，勤奋有加。他们有自己的观点，有独特的教学方法，很多时候也会带给我更多的启发。

三、秋实

终于到了考核年，我们兴奋不已。因为，我们知道，我们很努力很努力地做了。结果正如所料，正如所做。张老师和雷老师这一年都取得了不俗的成绩，分别被评为"顺德区优秀教师"和"顺德区教书育人先进个人"。我也因此被"三校联盟"评为"'传帮带'先进个人"。这不是什么大奖项，但它的分量却很重很重，它承载的是三位校长、三个学校的信任和托付。我很欣慰，我顺利地完成了任务。当我为他们欣喜之时，也迎来了更多的奖项和荣誉：被区推荐为广东省省级骨干教师培养项目首批培养对象和顺德区学校自主发展评价外评专家；被聘为顺德区中小学教师继续教育学会理事；参加2014年佛山市教育局、佛山市委党校组织开展的优资教育发展培训班；参加顺德区中小学校级干部培训班；应邀主编《2015年状元360高考化学二轮专题析与练》；我的微课"中学常见仪器液体体积读数误差分析"在2014年全国高中化学优质课评比中荣获一等奖；承担广东省教育厅科研处科研项目"开发学生潜能，构建高效化学课堂模式"，该课题被列为省教育厅"十二五"规划课题，并获得省、区6万元项目资助金，我成为学校科研项目最高荣誉获得者；所撰写的多篇论文获得省级、国家级奖项。

我知道这一次血液的更新有赖于"三校联盟"。正是这个平台让我再一次焕发了活力，激活了内心原有的动力。我再也不会觉得教学乏味，而是像当年刚毕业走上岗位一样，充满干劲，满心憧憬。

愿你成为太阳，无须借助他人的光亮

——不一样的父子故事

还记得暖阳和寒风的寓言故事吗？只有温暖才能让人真正地敞开怀抱，而越是凛冽的风越是让人抱紧双臂。父母对孩子的教育亦是如此。如果你总是自以为地认为孩子饿了，孩子冷了，孩子不努力了，孩子又不懂事了，那么你就很难和一个处于青春期的小大人沟通，甚至会让孩子离你越来越远。

当我看到儿子在远在北京的大学游刃有余地学习和生活，把求学的岁月过得如此精彩时，当我们如朋友、兄弟般畅叙过去、现在、未来时，我由衷地庆幸，更深深感谢曾经的自己。在教子之路上，我选择了尊重。尊重孩子的天性，尊重孩子的想法，尊重孩子的选择。我知道孩子不是我的附属品，他是一个有着独立人格即将成长为顶天立地男子汉的人。因此，一直以来，我所做的都是一个辅助者的角色。孩子需要的并不多，只是理解和真正的爱，在他遇到难以疏解的困惑时，需要有人给他以指引。而这一点，让很多把"我是为你好"挂嘴边的父母终其一生都难以实现。

我想孩子读高三的父母可能是最焦虑的父母。作为教师的我也曾想过在孩子学习成绩让我不满意的时候，帮他指点规划。但是看到孩子抗拒的眼神，我突然意识到自己太急了，孩子从小就懂事、有主见，他此时更需要我的拥抱。于是整个高三我们的相处都是和乐融洽的，周三我们会给他送去精心烹饪的美食，还会带去我用几天时间搜索的经典段子，我从不主动跟孩子提学习的事情，只给他最简单却是他最需要的爱。

　　高三这一年，不仅仅是学习知识的比拼，更是体力和心理的较量。相信每个经历过高三的孩子，乃至父母，内心都有过挣扎和困惑。而我，也不例外。那时离高考大概还有2个月，儿子打电话来说他没有办法静下心来看书。我只说了六个字"我现在去接你"。我知道他紧张烦躁了，我要做的就是平复他的心情，给他以肯定和力量。这一次，儿子选了他最想去的餐厅，我们点了好多好多好吃的。我们放开吃，敞开笑，谁也不提成绩，不提高考。在家休息一晚后，儿子精神饱满，自信开心地回到了学校。他的成绩也像开挂了一样，节节攀升。谁知考前半个月的晚上，儿子又打来电话，说自己想回家休息。这时候说心里不慌是假的，这是为人父母的本能，没有不紧张高考的父亲，更何况我是一位常年教高三的老师。可是我知道，现在不是我胡思乱想的时候，孩子现在需要帮助了，作为父亲，我该怎样做呢？我想起了中考前的那个晚上。当几乎所有的家长都在陪孩子复习考试时，我的儿子也懂事地要求再看看书。作为一个深爱孩子的父亲，我知道，他彼时更需要身心的放松和源自内在的力量。念及此，我毅然拿出我们心爱的单车陪着儿子骑行。儿子回馈我的是难以相信的笑容。两个多小时下来，我们早已大汗淋漓，但满眼满面都是笑容。儿子的中考也非常成功，考入了顺德区最好的高中。想到此处，我就立刻去学校把儿子接回来，带他来到了我精心选择的地点——德胜河边。开阔的水面，荧荧灯火，静谧的夜。我和儿子在河堤上、在桥上忘我地大喊大叫，我们父子俩撑着一把伞在雨里慢慢前行。儿子说他心里觉得亮了，但要回家住一晚。我二话不说，高兴地带儿子回家。我不觉得强迫他回学校学习一晚会有什么收获，我只想给他此时需要的父爱而不是强权。最后的结果证明我是对的，儿子高考超常发挥，考入了北京的重点大学。在大学里，儿子不仅把学习搞得井井有条，学生工作更是做得有声有色。我知道这是我一直奉行的教育理念，适当地"放"的最好呈现。给孩子足够的空间，让他自我发展；给他需要的爱，让他拥有不竭的力量！

　　龙应台说："我慢慢地、慢慢地了解到，所谓父女母子一场，只不过意味着，你和他的缘分就是今生今世不断地目送他的背影渐行渐远。"总有一天，儿子会独自远行，我要给他的一直都是好好生活的能力。

长长的路，慢慢地走。作为父母，更不能强加给孩子你认为的好。每一个孩子都有无限大的潜能等待我们发掘，给他们足够的耐心、适当的引导和充分的信任。请相信，不急不躁，终会繁花似锦，风景无边！请相信，恰到好处的爱，定会让孩子成为自己的太阳，无须借助他人的光亮！

爱满心田，花香弥漫

——我的教育教学故事之一

"老师，我拿到工资了，今天一定要请您吃饭。"

"申老师，惠茹说一定要您认可，我这个男朋友才能转正。"

这是我2008届的学生惠茹和她男朋友的话，正如她自己所说，惠茹是一个在所有重要时刻都要申老师见证的孩子。作为教师，我深深地感动着，同时也感谢自己用尽全力去爱着他们。

陶行知老先生曾说："爱是一种伟大的力量，没有爱就没有教育。"这也是我一生践行的格言，从一个普通的教师再到校长，这种对学生的爱让我的教育之路繁花盛放，芳香四溢，润泽生命。

虽是时光久远，但惠茹感念的点滴让我对过往有了更加清晰的记忆。她是一个成绩还不错的农村姑娘，父母靠打工维持生计。课余的时间常常看她一个人认真地练习跳舞。一个教师的敏感告诉我，好好培养，这样一个认真向上的人，一定可以做得更好。于是，她成了我班的班长。没想到，她却紧张地找到我："老师，从小到大，我的学习成绩都还不错，但是语文课代表是我做过的最大的班干部了。您真的相信我能做好吗？"相信是一种力量，它可以让人充满向上的力量！考虑到她没有做过班干部，我把可能遇到的情况跟她讲清楚，然后她为主导，我加以引导和补充，一起为对我们预想的困难一一找到应对方案。惠茹就这样信心满满，斗志昂扬地做起了班长。真的做起来，困难还是很多。我不断地肯定她，并教给她更好的处理问题的方法。一个月后，她终于找到我说："老师，谢谢您的鼓励、信任和指导，我一定做好这个班长！"惠茹果真没有食言，她把班级管理得井井有条，我们班被评为优秀班集体，在各项活动中屡屡扬名。惠茹也成为团委老师心目中最优秀的学习部长，并以优异的成绩考入重点大学。

在骄子云集的重点院校，惠茹竟成功当选院学生会主席，并成为该校史上最年轻的学生会主席。当选那天，惠茹就忍不住给我打电话："老师，谢谢您！我能当选学生会主席真的感谢您多年来的培养和信任！"

大学毕业后，她参加了深圳公务员考试，以第一名的面试成绩如愿以偿得到了自己想要的职位。

至今，她念念不忘的是："老师，您知道吗？我现在所有的成就都源于您曾经的肯定和教导，您是我的恩师更是我人生的导师！谢谢在高二的时候就遇到了您，现在我才能遇到这么好的自己！"所以，现在经常会有这样温馨的场景：慧茹的爸爸妈妈爱人和我的一家其乐融融、笑语不断。

作为一名教育工作者，还有什么比自己的学生获得人生的成功更值得骄傲和欣慰的呢？冰心先生有一段话："爱在左，责任在右，走在生命之路的两旁，随时撒种，随时开花，将这一径长途点缀得花香弥漫，使穿枝拂叶的莘莘学子，踏着荆棘，不觉得痛苦，有泪可流，却觉得幸福。"我很庆幸，教育之路上，一直播撒爱的种子，让像惠茹一样的孩子释放潜在的光芒，成为最闪耀的自己！

春风化雨润心田，因材施教促成长

——我的教育教学故事之二

岁月如流水般一去不复返，从教多年面对一批又一批学生，在讲坛上演绎着属于我的独家回忆，许多记忆在琐屑庸常的生活中一点点淡化、消失。但总有那么一些人、一些事占据了我记忆里的黄金段位，一直不曾褪色。虽不曾惊天动地，但也历历在目、感悟至深。

"其实很多事情没有你想象中那么难，只需要你一点点地努力，抬抬脚就过去了。"那大概是我对小桐同学讲得最多的话了……

小桐，是我往届的学生，是个典型的"学习困难户"。小桐自幼在条件优渥的家庭环境中长大，小时候倍受父母宠爱，刚上初中时成绩也不错，但在初三那年由于贪玩，学习成绩直线下降，同学嘲笑他，老师不理解他，父母责怪他，这使他有了"破罐子破摔"的心理，以至放弃学习。当时，他的入学成绩很差，距离华侨中学的分数线还差了一大截，是顺德联谊总会推荐才得以进入华侨中学就读。由于小桐本来的基础就比别的同学要薄弱许多，自高一进校以来，他的学习成绩就偏差，他自己更是无心向学。此外，父母常年说他不争气，没出息，这些都给小桐造成了很大的心理压力，使他一拿起书就觉得头晕，并逐渐变得抑郁、自卑、厌学，甚至装病逃学，一而再、再而三地要求退学。

小桐是那种自卑型的"学习困难户"，由于在学习上无法取得满足感，缺乏学习动力，进而产生厌学、退学情绪。上课无精打采，经常迟到、早退、旷课，缺交作业更是家常便饭，每次教育他后总不见实质性改变，第二天又故技重施。为了转化小桐这位同学，我决定定期和他进行"男人间的对话"，在聊天谈心的过程中引导其思想和行为上的转化，希望激发小桐的学习热情。

交谈过程中，小桐说得最多的就是"我实在听不懂，我也没兴趣，不想听课不想学，我不想上学，我想回家……"听到这样的回答，我心里想要抓住机会教育他。但我没有第一时间批评他，因为我知道不断地批评只会让他更加自卑，更加抗拒学习，我需要给他一些指引。

我告诉他："高中的知识难度比初中大，而且你本来基础就稍比别人薄弱，成绩暂时落后是很正常的。"让他从观念上认识到自己的现状。随后我引导他，"其实很多事情没有你想象中那么难，只需要你一点点地努力，抬抬脚就过去了。我们不妨从一些小细节开始尝试改变吧……"我给了他三个方面的改变建议：

（1）多看课外书，多参加课外活动，提高自身文化修养。所谓"书中自有黄金屋，书中自有颜如玉"。我鼓励他多看一些课外书，一来让他找回读书的乐趣，再者又可以提升其文学修养，何乐而不为？此外，经过老师和同学的鼓励，小桐参加了课外兴趣小组活动并取得了很好的成绩——语文读书大赛二等奖、英语读书大赛三等奖。这使小桐的自信心得到进一步加强。

（2）争做班干部，培养自身管理能力。学习能力的高低因人为异，但学习并非生命的全部。为了让小桐找到班级的存在感与归属感，我鼓励他去当班上的体育委员，让他有事可做，有所作为，其效果出奇的好，同学们也对他的工作十分认可。

（3）多参加体育锻炼，比如打篮球、羽毛球，既能锻炼身体，又能培养兴趣爱好，为自己幸福的一生打下基础。

经过我定期和小桐进行"男人间的对话"，在聊天谈心的过程中跟踪其思想和行为上的动态变化，小桐的学习状态得到非常大的改善，高三毕业后他顺利拿到出国留学的录取通知书，在国外展开属于他的不一样的人生。

纵然多年过去，我和小桐定期的"男人间的对话"依然让我深受启发，作为教育工作者，我深信"春风化雨润心田，因材施教促成长"。

量身定制式辅导

——我的教育教学故事之三

"老师，我理综考了280分！"电话里李航同学的欢呼雀跃，电话外我的激动欣慰，冲破了夏日的闷热。

我深知这280分的来之不易。刚上高三的时候，李航同学的理综成绩很差，化学又是理综里面最差的，常年在班级倒数，这导致他很没信心，状态不佳。这些我都看在眼里。有一次小考试，他的化学分数又是几乎垫底，我觉得这是个找他聊聊的好时机。

"你想不想提升化学成绩？"

"想！"他斩钉截铁地回答。

"好，有这种坚毅的态度，不怕没有好成绩，跟着老师一步一个脚印走，踏踏实实努力吧。"接着我就他的考试情况详细分析失分原因、薄弱知识点，并且根据他的学习情况为他量身定制一份化学提分方案，带着他一起复习课本基础知识，并在学习方法上进行点拨。通过方法的点拨，基础的巩固，李航同学进步飞快，从班级的垫底一跃而上班级前列，甚至提升至年级的前三十，李航同学学习化学的信心大增，兴趣也更浓厚，并且以一科牵动全科的学习，提升了学习其他科目的信心，总成绩有了很大的起色。

顺利扬帆起航后，没想航程中间却出了小插曲。后面的几次考试中，李航同学的成绩都步步下滑，总成绩从重点线到本科线，最后竟然滑落到专科线。李航同学也每天垂头丧气，跟当时那个斩钉截铁说想提升成绩的李航判若两人，上课看小说，下课发呆。他妈妈及时向我求助，并跟我说明是家庭原因让李航压力过大而导致他自暴自弃。

我又找了李航，看着无助的李航，我鼓励他一定要克服困难，当一个真正的男子汉，并问他"需要我怎么帮助你？"他提出想要走读，不住宿了。我想了想说："可以！我支持你，帮你搞定这个问题。每天骑单车来回，也是一种锻炼和解压方式。"

走读一段时间后，李航的状态慢慢恢复过来，信心也渐渐提升，又恢复往日的坚毅、斗志，还有昂扬状态，最后在高考中一鸣惊人，创造了从刚上高三时的垫底到全年级前列的奇迹，且理综成绩取得280分的高分，顺利被武汉理工大学录取，从此开启精彩人生，扬帆起航。在得知高考理综考了280分时，他第一时间向我报喜，并感谢我课后一次次悉心辅导与谈心鼓励，他说没有这些鼓励辅导，不可能有今天的成绩，更加不可能考取武汉理工大学。

通过李航的变化，我知道教师的关注、鼓励、辅导对一个学生作用影响之大，尤其如果我们能够针对不同学生因材施教，给学生量身定制一份属于他们自己的成长方案，为学生提供私人订制的辅导，那或许可创造更多的教育奇迹。

现在我在高二年级推广导师制，在我自己负责辅导的学生中，有两位学生成绩属于中下水平，平时不爱说话，总是独来独往。我为他们量身定制了成长方案：让他们在七人小组讨论时发言，分别夸夸大家的优点、指出大家的缺点，刚开始两个人很害羞、扭扭捏捏，在我热情的鼓励下，两个人越说声音越响亮，越清晰，越有逻辑。发言完毕后，他们竟然主动跟我沟通，告诉我觉得说出来的感觉真"爽"，我趁势鼓励他们，说得好，不说则已，一鸣惊人，这就是成功的体验。他们备受鼓舞，自此，我发现他们两个更敢讲话，做事更主动，学习更积极。

我期盼着这一次次为学生量身定制的辅导能为学生的成长保驾护航，让每位学生感受到关注，接受最适合自己的教育。希望每一位学生在这里扬帆起航，迈向属于自己的精彩人生。

给学生足够的时间和空间

——我的教育教学故事之四

从教以来，有一个孩子与他家庭的故事深深印在我的脑海里，如今想起依然历历在目。

他叫李鑫，在班里很不起眼，沉默寡言，成绩处于中等水平。有一天他爸爸给我打电话，声音透着一丝焦虑："申老师，您好，我是李鑫爸爸，实在不好意思打扰您了。李鑫最近跟我闹矛盾，还说不读书了，唉，我很苦恼，不得不来找老师您。"我心里想：李鑫这孩子虽然平时成绩一般，但不至于厌学，莫不是出了什么问题？便问："您能否跟我再仔细谈一谈呢？"李鑫爸爸叹了口气："他跟我说，要买苹果手机，不买他就要退学，可是我们家情况老师您知道的，哪买得起五六千块钱的手机啊，唉，他现在都不跟我说话了。"跟李鑫爸爸了解了事情的原委之后，我反而松了口气，还好，并不是什么大问题。我宽慰李鑫爸爸道："小孩子现在这个年纪比较叛逆，容易有这种攀比心理，待我跟他好好聊聊，您不用过于担心。"

跟李鑫爸爸通完电话后，我便把李鑫叫到办公室里来，一对一、面对面地聊天。李鑫走进办公室时低着头，应该是猜到我找他来的用意，因此我并没有开门见山地跟他说这件事，而是先关心他的学习、生活，看到他慢慢地放下戒备后，我问："你为什么想买苹果手机啊？"他支支吾吾地说："因为身边的同学都用这个手机啊……大家都有，只有我没有。""那你知道苹果手机多少钱吗？""几千块吧。"我微笑道："看来你很了解行情啊，那你觉得家里买得起吗？"他顿了顿，显得有些不好意思："我觉得……还行吧。"我知道机会来了，追问道："李鑫，我问你，你看过你爸爸的手吗？"

我见过李鑫爸爸，他是江西人，来顺德打工做建筑工程，日积月累，掌面变得很硬，老茧布满每个角落，特别粗大，一只手指似三节老甘蔗。长过指甲的地方刻着四条裂纹，形成上下两个"人"字形，又黑又深。李鑫还有一个弟弟，他爸爸为了他们两兄弟能够好好读书，夜以继日，十分辛苦，我相信李鑫应该是看在眼里的。

果然，李鑫听完我的话沉默不言，安静了很久，我知道他内心此刻应该非常挣扎，我话锋一转，拍了拍他的肩膀："那你现在应该知道怎么做了吧？"他抬起头对着我点了点头。我看到他眼睛里蓄满了泪。

之后，李鑫不再提买手机的事情，他学习变得更加认真。最后在高考中取得优异成绩，考上中山大学，现在他在中山大学读博士。几年前，他爸爸为了答谢我们，还请我们去他家吃饭，他亲自烧了几个好菜招待我们，而这些菜他们平时可能都舍不得吃。

常言道："一把钥匙开一把锁"。每位学生的实际情况是不同的，教师在解决问题时应深入了解学生的行为、习惯、爱好及其落后的原因，从而确定行之有效的对策，抓住教育时机，因材施教，因人而异，正确引导，以爱心为媒，搭建师生心灵相通的桥梁。就像李鑫这个孩子一样，面对这样的学生，单纯批评教育，采取惩罚措施是解决不了问题的。正由于老师对他的信任、尊重、理解、激励、宽容和提醒，他才找回了自信与动力。

走进学生的心灵，了解他们，理解他们，并给予他们更多的关怀，以一颗宽厚真诚的心去教育他们，用心为他们打造一个爱的天堂，步入人生灿烂的阳光地带。照顾好我的这群孩子们，让他们健康快乐成长，这也是我最大的幸福！

不忘初心，方得始终

——浅谈"1+3"学习模式的修行之路

活着，是一种修行；教育，更是一种修为。

《大方广佛华严经》里有这样两句经文："三世一切诸如来，靡不护念初发心""如菩萨初心，不与后心俱"。依据白话文的解读翻译过来便是"不忘初心，方得始终"，意思是说只有坚守自己的本心和最初的信念，才能成就心愿，功德圆满。作为一名教师，从教23年，我深谙其中的要义。蓦然回首，教育之路何其漫长，初心为我们指明了努力的方向，为我们提供了前进的动力，更提醒我们在迷茫彷徨时不要忘了来时的路，不要忘了为什么出发，不要"乱花渐欲迷人眼"。永葆初心，终能成功。

从教23年，凭着一份对教育事业的热爱，凭着一颗教育初心认真地工作，23年不说桃李满天下，我所教的学生有走进各大名校的；有在努力创业的；有已成家立业当上了爸爸妈妈遍布各行各业的；还有跟我一样走上了光荣的教育工作岗位的……经历了岁月的洗礼，教坛上日积月累的经验我逐步懂得去权衡、去思量具体问题，然后找到属于自己的解决办法。在全国轰轰烈烈的课堂教学改革的同时，审慎借鉴"杜郎口"模式、昌乐二中的"271"高效课堂、郭思乐的生本等课改模式，基于我自身的成长与教学经历，结合顺德华侨中学的实际情况，我探索出一条切合我校实际情况、符合我校学生现状的新的教学模式——"1+3"学习模式。

所谓"1+3"学习模式，"1"即引导、指导学生进行深度学习，让学生主动发现问题、深入研究问题；"3"即通过自助、互助、师助三种方式让学生积极解决问题。"1+3"学习模式，旨在通过学生的积极思考、积极表达、积极合作以突出学生的主体作用，通过教师的针对性引导、针对性发问、针对性点评以彰显教师在课堂中以生为主的导师作用。

万事皆不可一蹴而就。"1+3"学习模式的提出，得益于我对自身的学习成长经历的总结，以及23年从教实践的反思。

一、师助：学生学业进步的催化剂

对于"师助"的经验体会，是在我的初中学习阶段。当年我在小升初考试中以全乡第5名的成绩考入松林乡唯一的松林中学（初中）。在初中阶段的考试里，我发现自己的语文和英语成绩还不错，唯独数学成绩远远落后于别人。数学课上是听懂了，公式看着都会，但到做题的时候就大脑发蒙。当时我对自己的数学成绩实在是很着急啊，仿如无头苍蝇一般，在数学的谜团里摸不着门道，百思不得其解。所幸当时我的数学老师也是我家的一个远房亲戚，他看到我学习数学比较吃力，关心地对我说："水源，数学学习上有什么不懂的过来问我，我帮你辅导一下"。于是我就按数学老师讲的，每天把数学学习过程中积累的问题整理好，放学后就去找他帮我把它们解决，此外数学老师还额外给我一些奥数题以培养我的数学思维。多提问、多思考、多练习，慢慢地把初中数学学习的门道摸清楚了，一理通百理明，我的数学学习成绩渐渐就上去了。得益于"师助"和自己一学期的努力，我的数学成绩从班上中后段提升到班里第一名，也得益于数学成绩的提升，初升高考试中我的数学考取了满分，这让我成为当年全乡唯一一名考入重点高中的学生。

显然，于生于师，在教育工作中，"师助"都有着独一无二、不可替代的作用，它是一切教育行为的出发点，是教育教学活动的助推器。我们可以这样理解"师助"对于教育工作的作用和意义："师助"是教育工作者的感情与责任的升华；"师助"是无私和奉献的结晶；"师助"是学生学业进步的催化剂。教师的专业学术知识对于学生的关怀和帮助、对学生的学习习得具有举足轻重的点拨意义。

二、自助：学生学习进步的强大驱动力

对于"自助"的经验体会，是在我高三备战高考的冲刺阶段。回忆起高三备考那时候，有很长一段时间我都在苦闷中度过。我是一个农村出身的孩子，考入城里的高中后，明显感觉自己的"学习天赋"远不如班里的同学。高三以前我都是在班里的中游水平吃力地跟着大部队往前走。直到进入高三备考冲刺阶段，我的"数学短板"再一次暴露无遗——在高三刚开始接连几次的模拟考试中，我的数学成绩都稳定地徘徊在七八十分（总分150分），这可把我吓慌了。好长一段时间里，我都闷闷不乐，一遍又一遍反思到底问题出在哪儿。我尝试着自己去摸索——趁着假期"弯道超车"，多做题，多思考，遇到不会的就看答案解析，反思自己在思考过程中的漏洞，自己领悟后再回过头去看原来的题，一切迎刃而解。就这样，坚持了一个多月后，在高三第二学期开学的模拟考中突破100分大关，后来在高考中数学考了136分，顺利考入湖南师范大学（国家"211"大学）。

回忆高三那段时光，我深感"自助"学习的强大驱动力。布鲁纳说："最好的学习动机莫过于学生对所学材料本身具有内在的兴趣。"因此，在教学中，教师要努力为学生创设各种愉快的情境，时时引起学生的惊奇、兴趣、疑问、新鲜等情绪，使教学过程始终对学生有一种吸引力，吸引学生积极地投入到学习中去，主动地获取知识。

三、互助：教育教学中对人的"解放"

对于"互助"的经验体会，是在我从事教师岗位以后。20多年的从教经历，只有经历了失败，历经创伤，才能总结出一条条成功的经验。现代的教学，有的教师停留在"因教而教"，而不是"因学而教"，还坚定地认为"师者，就是传道、授业、解惑"，想尽千方百计，去"备大纲、备教材、备学生、备教法、备学法"，教学只是为了完成教学进度和教学任务，而不去过问学生学到了什么和学到了什么程度。因此，在"师助"和"自助"的基础上，教学课堂中的"互助"就显得至关重要。

"1+3"学习模式中的"互助"是对人的解放。

（1）对教师的解放。在"1+3"学习模式下，教师是教学过程的导演者，是学生学习的参与者。教师的主要任务是指导解答学生们学习过程中的共性问题，这样的问题在整个学习过程中是很少的，这样的问题是学生经过自主学习和交流后仍未解决的问题，这样的问题不是节节课都会有的，不是任何学科都会有的，大部分的知识都是学生通过自主学习和合作探究可以解决并消化的。这样，教师的工作量就大大降低了，在传统的课堂上教师一节课"满堂灌"，在"1+3"学习模式的课堂上教师有的时候只是个守望者。这样教师可以抽出大量的时间用来提升自己的业务能力和专业水平。

（2）对学生的解放。学生在"1+3"学习模式下自主地完成导学案并在合作探究的过程中解决大多数的问题，课堂的时间绝大多数都是学生自己的。这样学生可以根据自己对本节课的掌握程度来调整自己的学习侧重点，基础差的学生可以用来及时查缺补差；基础好的学生可以及时对知识进行梳理，提升能力。这样充分尊重学生的差异，学生在学习过程中各取所需，各尽其才，和谐发展。

（3）对学校管理的解放。"1+3"学习模式要求学生自己管理自己。学生自主管理自己在学校的学习和生活。由此成立了许多由学生自主管理的活动团体。学校的层面只是对这些组织和社团进行监管，这样学校的管理任务也大大减少了。

23年弹指一挥间，活着是一场漫长的修行，教育又何尝不是？在广东省骨干班培训期间，我的导师告诉我要懂得教书还要懂得总结个人的教学风格。是啊，回首我的"1+3"学习模式的修行之路，那里面充满着我的喜怒哀乐，那里面记录着我的嬉笑怒骂，那里面承载着我的辛酸与汗水；照着镜子，虽然头上冒出些许白发，眼角略有细纹，但我的目光镇定，精神爽朗！

"1+3"学习模式的修行之路，且行且珍惜！

（2020年3月1日）

教育改革，与时偕行

——"1+3"学习模式之探索历程

高效的课堂，一定是学生积极参与的课堂；一定是充满活力、情趣盎然的课堂；一定是充满探索与创造、严谨严密的课堂。传统教育，不革不成。为改变传统的学习模式，适应新形势需求，3年前我便开始着手新学习模式的研究。

一、教育不新，何以光明

在基于核心素养的课堂中，教学要以学为中心，务必切实关注学生学什么、怎样学，以学定教。执教者的主导作用体现在如何指导学、设计学、提升学和评价学上，要尽量把学习的主动权、学习的责任交还给学生，突出学生的主体地位，使课堂成为基于学生学习、展示学生学习、交流学生学习和深化学生学习的真正"学堂"。因此，在研究的初始阶段，我将重点放在解决学生该如何自学并内化于心的问题上。

在对自己20多年教学实践总结的基础上，我于2016年6月提出了"1+3"学习模式。其中"1"指的是深度学习，作为中学教学，深度学习最好的途径就是教师带领学生主动寻找和发现学习中的问题。而"3"指的是学生解决问题的三种学习途径和方法，分别是自助、互助、师助。课前学生通过预习、钻研、查阅资料等方式实现自我的记忆、理解、运用，解决大部分知识问题，明确剩余小部分难点；课堂上学生小组内通过合作探究、分享对比、思维碰撞，互帮互助解决问题；教师通过启发、点拨、讲解等方式帮助学生解决自助和互助中不能解决的问题，或者是课堂上延伸拓展的知识。在课后，学生还可以通过请教同学、教师辅导等形式，进一步解决问题。方案一经提出，得到不少同事的认可，因此同年9月，我校化学课题组开始着手深入探究"1+3"学习模式。

基于学情、教师观念以及教育环境的调查与分析，我校化学课题组分别在高一和高二年级选择一些班级开展"1+3"学习模式的探究，并设置实验对照组以评价教学效果。实验结果表明，"1+3"学习模式的运用效果突出，这使得我更坚定地在全校推广"1+3"学习模式。

为了让"1+3"学习模式落地实践，更好地运用在实际教学中，我又提出了"小组合作"的课堂模式。小组合作学习由来已久，是一种将班组授课制条件下学生个体间的学习竞争关系改变为"组内合作""组际竞争"关系，将传统教学与师生之间单向或双向交流改变为师生、生生之间的多向交流的学习模式。被动互助则退步，主动互助则进步。"1+3"学习小组的设计及人员搭配非常重要，小组的设计应当在促进优生发展的同时，促进其他学生的进步。因此为了实现有效互助，我对学习小组的成员分配与效度评价问题进行了一系列的研究，经过探索，当时曾有两套方案供选择：一种是学生围坐，另一种是传统的单人单座。但经过实践，传统的单人单座并不能有效契合"1+3"学习模式的要求，相反，很可能使得合作学习流于形式。最后结合学校教学实际，我和课题组提出了"2A4B型或2A5B型"的"1+3"学习小组实践方案，其中A层代表小组成绩较好的同学，B层为其他同学。在课堂上B层同学先分享，然后A层同学主动分享并指导B层同学思考分析，并由B层同学归纳总结问题的解决思路与方法。为激励学生主动参与课堂、主动答题提问，我又尝试推行小组评价，即奖励性加分机制。原则上必须由B层同学展示方可得分，课堂上教师计分，课后课代表统分，当学生习惯养成后可减少使用计分。实践后效果显著，小组合作紧密度提高。

二、改革之路，道阻且长

改革从来不是一帆风顺的，每一次革新总是会伴随着质疑的声音。"1+3"学习模式刚落地时，有一些教师尤其是经验丰富的教师十分排斥："搞统一的教学模式会僵化我多年的教学模式！"也有一些教师会问："'1+3'学习模式会增加我的工作量吗？会影响我的教学进度吗？真的会提高我的课堂效果吗？"对此，我也曾心存疑虑，但是经过一段时间的实践，我坚信"1+3"学习模式将会是一个新的教学突破口。"1+3"学习模式不同于往常的教学模式，此模式十分灵活，首先无论对什么课型，什么问题，都可以在课中任意时候展开；其次问题可以师生共设或课上突发；再者"三助"的顺序可变、不固定，其展示的方式也可多样化。

因此，我决心在质疑中坚定自己，将成果呈现在人们面前，行动比言语更加重要。终于，在2020届高二年级的整体推广下，越来越多的教师一改观念，纷纷主动地在课上运用"1+3"学习模式。它唤起了学生的求知欲，让他们兴趣盎然地参与到教学过程中来，师生互动，师生和谐，激发了学生的参与动机与活力，让他们学会发现问题、寻找问题、解决问题，提升了学生的学习能力，同时也培养了学生的核心素养，课堂效果良好，教师们非常享受课堂。经过全校推广后，我们发现"1+3"学习模式不仅适用于高一、高二的新课，而且更适用于高三的复习课。这一实践结果十分喜人。

当然，"1+3"学习模式也并非毫无缺点。因为学校硬件条件的限制，按小组坐可能会影响学生的听课效率，面对面坐也可能会增加学生分心的风险。对此，我也想了很多解决办法，比如增加纪律扣分的小组自我管理机制，自习课时将课桌恢复成单人单桌等，这些措施也一定限度地规避了可能出现的问题。总体来说，"1+3"学习模式以及小组合作模式利大于弊。

改革之路，道阻且长。但我相信，天下之事，因循则无一事可为，而奋然为之，亦未必难。

三、初心不忘，坦然前行

不知不觉，"1+3"学习模式这颗种子在我校已苗壮成长了4年的时间，在成长的道路上经历了迷茫、困惑，最后一步步实践下来，这其中不仅仅是喜悦，更多的是感动与收获。回想这一段的教学探索，心得颇多。

在探索"1+3"学习模式的过程中，我明白了核心素养是关于学生知识、技能、情感、态度、价值观等方面的结合体，它指向过程。教学上，执教者更应关注过程，关注学生在成长过程中的困惑、纠结，解决过程中的问题，促进学生在过程中发展。要充分给予学生独立学习和思考的时间，让学生先研读、先思考、先分析、先自主解决问题；要对学生独立学习过程中遇到的问题展开针对性教学，努力尝试着变"先教后学"为"先学后教"；要充分给予学生展示、交流和讨论的机会，让他们轻松表达自己的观点，将知识内化于心，助力学生于丰富且充实的学习情境中获得积极的情感体验，提升学生的学习能力、思维品质，培养适当的创新精神。

对于课堂改革，我们才迈出了一小步，以后的路更长。我们要在不断发现问题、解决问题中摸索规律，不断完善。教育改革是一个过程，它从亲历的实践，到获得认识，最后产生感悟，并且逐渐积累成为最宝贵的精神财富，以此作为今后生命之旅的底蕴，以始为终，以终为始！